An Flüssen und Seen

Karel Šťastný

Aus dem Tschechischen von
Ursula Macht

INHALT

Dieser Naturführer stellt Pflanzen und Tiere vor, die das Süßwasser bewohnen – ob sie nun direkt im Wasser leben oder an seinen Ufern. Süßwasser, damit sind hier nicht nur die allgemein bekannten stehenden (Teiche, Tümpel, Seen und Weiher) und fließenden Gewässer (Bäche und Flüsse) gemeint, sondern auch die verschiedenen Arten von Sümpfen (die eigentlich alle eine Festlandumgebung darstellen, deren Charakter vom Wasser bestimmt wird). Also geht es hier auch um Pfühle, Gräben, Quellen, Feuchtwiesen, Sümpfe, Torfmoore und Auwälder. All das sind Landschaftselemente, die sich durch einen ungewöhnlichen Artenreichtum an Pflanzen und Tieren auszeichnen. Zum Beispiel begegnen wir in einem Pfuhl auf einer Fläche von lediglich 100 Quadratmetern mehr Arten als in jeder anderen Umgebung auf gleicher Fläche. In solchen kleinen Wasseransammlungen in Mitteleuropa leben mehr als 8000 verschiedene Tierarten, die einzelligen Organismen gar nicht mitgezählt. Jeder derartige Morast ist eine eigene Welt – eine reich besiedelte Insel inmitten der Festlandnatur.

Im europäischen Süßwasser leben ungefähr 15000 verschiedene Tiere, von denen die Insekten mit etwa 7000 Arten die vielfältigste Gruppe bilden. Die Wirbelkäfer bringen es immerhin noch auf über 2000 Arten und die Plattwanzen auf mehr als 1000 Arten, während es nur knapp 400 Arten von Wirbeltieren gibt.

Ohne Wasser kein Leben. Wasser ist der Hauptbestandteil aller Organismen, keine Lebensfunktion, kein in der Natur ablaufender Prozeß könnte ohne Wasser vor sich gehen. Deshalb siedelt auch der Mensch schon seit Urzeiten in der Nähe von Seen, Flüssen oder Quellgebieten, die ihm nicht nur Trinkwasser bieten, sondern gleichzeitig als günstige Verkehrswege und schließlich auch zur Abfallbeseitigung dienten. Wasser ist selten scharf vom trockenen Land abgegrenzt – es überspült die Ufer, fließt in Vertiefungen, sickert in den Boden ein usw. Durchnäßte Stellen wachsen schnell mit einer üppigen, ans Wasser gebundenen Pflanzenwelt zu und so entstehen Sümpfe, Lüche, Moore, Moraste (Torfmoore).

Die produktivsten stehenden Gewässer sind reich an gelösten Mineralstoffen wie Kalzium, Stickstoff und weiteren Elementen, die für das Leben der Pflanzen unerlässlich sind. Solche Teiche und Seen zeichnen sich durch reiches Plankton aus, das das Wasser in ihnen grün färbt, wir sagen dann, das Wasser "blüht". Üppig ist der Bewuchs mit Schilf, Seerosen und anderen Wasserpflanzen, gut gedeihen Weichtiere, Ringelwürmer und Krebstiere. Solche Gewässer bezeichnen wir als *eutroph*.

In landwirtschaftlich genutzten Gegenden werden zusätzliche Stickstoffverbindungen aus den auf benachbarten Feldern angewendeten Düngemitteln ausgeschwemmt. Das jedoch führt zu einer starken Eutrophierung – einem ungestümen Wachstum von Phytoplankton und anderen Pflanzen und der Ablagerung abgestorbenen Materials am Grund. Bei dessen Zersetzung wird der größte Teil des im Wasser gelösten Sauerstoffs verbraucht, was dann wiederum zum

Tod von Fischen und anderen Tieren führt. Demgegenüber ist das durchsichtige Wasser der Seen in Gebieten mit hartem Untergrund sauerstoffreich, aber ohne Plankton. Dadurch ist das Vorkommen aller Arten von Organismen grundsätzlich begrenzt. Diese armen Gewässer bezeichnen wir als *oligotroph*. Das Wasser in Moorseen hat eine charakteristische braune Farbe, hervorgerufen durch gelöste Humusstoffe (Huminsäuren); diese Gewässer werden als *dystroph* bezeichnet. Sie sind arm an Pflanzennährstoffen, es mangelt vor allem an Kalzium, Magnesium und Phosphaten. An lebende Organismen werden in ihnen besondere Ansprüche gestellt, in der Regel handelt es sich um dort hoch spezialisierte Arten.

Bei den Fließgewässern, Flüssen und Bächen ist die Situation etwas anders. Das Leben in ihnen ist im Allgemeinen nicht so reich wie in den stehenden Gewässern. Das gilt vor allem für den Oberlauf der Gewässer, wo die Strömung sehr schnell (über 1 Meter pro Sekunde) und das kalte Wasser mit Sauerstoff gesättigt ist. Mit solchen Bedingungen kommen nur wenige Organismen zurecht. Die Wasserströmung transportiert ständig Nährstoffe und an sie gebundenes Phytoplankton als Hauptnahrungsquelle für weitere Organismen. Damit kommen wir zur Nahrungskette im Lebensraum Wasser. Ihren Anfang in Flüssen und Bächen bilden nicht die kleinen Algen wie in den stehenden Gewässern, sondern die Nahrung gelangt von außen herein in Form von organischem Abrieb (Detritus), den Bakterien verarbeiten. Dies ist also ein Ökosystem, das von anderswoher Nährstoffe empfängt (es ist heterotroph).

In stehenden Gewässern ist das anders. Am Anfang der Nahrungskette stehen grüne Pflanzen, darunter einzellige Algen, die das Phytoplankton bilden. An sie bindet sich das Zooplankton – Urtierchen, Wirbelkäfer und kleine Krebse, z.B. Wasserflöhe. Vom Zooplankton ernähren sich weitere Tiere, z.B. Insektenlarven und einige Fischarten, die wiederum Nahrungsquelle für andere Fische oder Amphibien sind. Am Ende einer solchen Kette stehen dann die höheren Räuber vom Typ des Hechts, einiger Wasservögel (Eisvogel, Reiher) und Säugetiere (Fischotter). Tote organische Überreste von Pflanzen und Tieren lagern sich in Form von Detritus auf dem Grund ab und stellen eine reiche Nährstoffquelle dar. Verschiedene Arten von Zersetzern wie z.B. fäulnisbewohnende Einzeller, Würmer oder Insektenlarven führen sie in den Kreislauf zurück und schließlich werden sie von Bakterien bis zum Austreten der Baustoffe – mineralischen Nährstoffen, Wasser und Kohlendioxid zerlegt. Die freigesetzten Nährstoffe werden von Pflanzen aufgenommen, und so ist der Kreislauf geschlossen.

Einst gehörten die Auwälder zu allen Flüssen im Tiefland. Der Fluss und der Auwald bilden ein Ganzes. Bedingung für die Existenz des Auwaldes ist das Grundwasser, seine Höhe ist abhängig von der Höhe des Wasserspiegels im Fluss. Eine zweite Bedingung ist die regelmäßige Überschwemmung der Flussauen mit Oberflächenwasser – der Auwald braucht die Überflutung geradezu, sie bringt ihm neue Nährstoffe und stellt auch die Ankunft neuer Pflanzen und

Tiere sicher. Im Gegenzug versorgt der Auwald den Fluss mit organischen Nährstoffen (pflanzlichem Detritus).

Für die Entstehung von Sümpfen müssen drei Grundbedingungen erfüllt sein: eine stetige Wasserquelle, sei es nun als Grundwasser oder in Form von Niederschlägen, ein undurchlässiger Untergrund und Sumpfpflanzen, die in dauerhaft nassem Boden erfolgreich wachsen und deren abgestorbene Überreste sich ansammeln und organischen Schlamm bilden – den Torf. Sümpfe mit einer dickeren Torfschicht heißen Torfmoore.

Es ist noch gar nicht so lange her, da wurden Sümpfe und Torfmoore an vielen Stellen Europas beinahe systematisch zerstört, denn man hielt sie für "unfruchtbaren Boden" und also für wertlos. Doch das Gegenteil ist wahr: Sie sind unersetzlich als Trinkwasserspeicher und als spezifische Lebensumwelt für eine Vielzahl von Tier- und Pflanzenarten, sie beeinflussen die klimatischen Verhältnisse vor Ort, sind ein ausdrucksvolles, ja prägendes Landschaftselement, haben Bedeutung für die Erholung der Menschen, und schließlich liefern sie einen Rohstoff, nämlich Torf. Deshalb ist es notwendig, Feuchtgebiete in der Landschaft sorgfältig zu schützen, instand zu halten und soweit möglich wiederherzustellen. Diese Elemente nämlich sind leicht verletzlich, auf jede Verunreinigung der Umwelt reagieren sie sehr empfindlich. In der durch den Menschen stark veränderten Landschaft sind die Feuchtgebiete die letzten Zufluchtsorte wertvoller Tier- und Pflanzenarten.

Einige Worte zur Erklärung

Pflanzen und Tiere in diesem Führer sind nach bestimmten Merkmalen (z.B. Vögel mit langem Schnabel, Pflanzen mit roter Blüte u.ä.) geordnet. Kurze Texte charakterisieren die Art, Pfeile verweisen auf typische Zeichen, die eine schnelle Zuordnung erlauben.

Bei Pflanzen ist die Wuchshöhe angegeben, bei Tieren die Körperlänge einschließlich des Schwanzes, bei Schmetterlingen die Körperlänge und die Flügelspannweite. Die römischen Zahlen bedeuten bei Pflanzen die Monate, in denen sie blühen, bei Insekten den Zeitraum, in dem man sie am häufigsten antrifft.

$\male$ Männchen (männliche Blüte)

$\female$ Weibchen (weibliche Blüte)

Am häufigsten nimmt man die Vögel wahr. Die meisten sind tagaktive Tiere, leicht zu beobachten und nicht nur interessant durch ihren Anblick und ihre Bewegungen, sondern auch durch ihr Zwitschern und ihren Gesang. Die Laute werden hier in einfachen Silben wiedergegeben.

Ebenso oft lassen sich in der Natur Insekten beobachten. Bei anderen wirbellosen Tieren ist das schwieriger, oft muss man sie aus dem Wasser fischen, aus dem Schlamm filtern, unter Steine oder Borkenplatten schauen.

Bedeutungen der Symbole

Lebensraum

 Stehende Gewässer (Teiche, Seen, Tümpel, Pfützen, Bewässerungsgräben, tote Flussarme, Talsperren)

 Fließgewässer (Flüsse, Wildbäche, Bäche)

 Gewässerumgebung, schlammige und nasse Ufer stehender und fließender Gewässer, Uferwälder und Dickichte, Sümpfe, Torfmoore, Feuchtwiesen, Quellgebiete

 Wälder (Laub- und Mischwälder), Auwälder

Behausungen

 In der Erde

 Auf der Erde

 Auf Bäumen und in Bäumen

 Im Schilf, im Röhricht, im Riedgras, im Bewuchs weiterer Sumpfpflanzen, auf den Stengeln dieser Pflanzen

 Eigene Bauten (Burgen, Dämme, Haufen)

Wasserspitzmaus

Neomys anomalus, 11-18 cm. Insektenfresser mit dichtem, feinem, an der Oberseite schwarzem, unterseits weißlichem Fell. Füße und Schwanzunterseite sind unten von steifen Borsten gesäumt ▲. Der schwarzen Spitzmaus *Neomys fodiens* (10-15 cm) fehlen diese Borsten. Beide Arten leben an reich bewachsenen Ufern und in Feuchtgebieten.

Wasserratte

Arvicola terrestris, 19-34 cm. Der lange Schwanz nimmt etwa zwei Drittel der Körperlänge ein, überwiegend ist sie braun gefärbt. Auf den Fußsohlen der hinteren Extremitäten sitzen 5 Schwielen ▲. Lebt auch weit vom Wasser entfernt, ihre Auswürfe erinnern an kleine Maulwurfshügel. In Gärten schädigt sie durch Verbiss die Wurzeln der Obstbäume.

Wühlmaus

Microtus oeconomus, 14-21 cm. Graubraune bis schwarzbraune Färbung, manchmal mit dunklem Streifen vom Kopf bis zum Schwanz, Unterseite weißlich. Bevorzugt feuchte Stellen an Uferzonen. Das kugelförmige Nest finden wir bei hohem Wasserstand auch an der Bodenoberfläche.

Bisamratte

Ondatra zibethica, 44-69 cm. Charakteristisch ist der seitlich abgeflachte, kahle und mit kleinen Schuppen bedeckte Schwanz ▲. An den Hinterfüßen hat sie steife Borsten. Lebt in Höhlen, die sie ins Ufer gräbt, oder in aufgetürmten Haufen aus Schilf und anderen Sumpfpflanzen.

Nutria

Myocastor coypus, 70-120 cm. Hat große orangefarbene Nagezähne ▲, an der Schnauzenspitze gewöhnlich einen weißen Fleck. Zwischen den Zehen der Hinterfüße sitzen Schwimmhäute, der lange Schwanz ist mit dunklen Schuppen besetzt ▲. Baut ihr Nest in Höhlen oder in kleinen Häufchen auf sumpfigem Gelände.

Biber

Castor fiber, 100-135 cm. Die hinteren Extremitäten haben zwischen den Zehen Schwimmhäute ▲, der breite, flache Schwanz ist kahl mit verhornten Schuppen ▲. Halten die Wasserhöhe durch den Bau von Dämmen stabil, graben Höhlen und Kanäle in die Ufer oder türmen Zweige zu 'Biberburgen'.

Fischotter

Lutra lutra, 84-135 cm. Wieselartiges Raubtier, vollendet an das Leben im Wasser angepasst. Hat Schwimmhäute zwischen den Zehen, verschließbare Ohr- und Nasenöffnungen, einen an der Wurzel sehr muskulösen Schwanz ▲ und ein dichtes Fell. Gräbt seinen Bau ins Ufer und ernährt sich hauptsächlich von Fischen.

Nerz

Mustela lutreola, 40-64 cm. Braun mit weißen Unter- und Oberlippen und weißer Schnauzenspitze (▲ oben). Aus großen Teilen Europas verschwunden. Dafür tauchte jedoch der amerikanische Mink *Mustela vison* auf, der nur auf der Unterlippe und auf der Brust einen weißen Fleck hat ▲. Beide schwimmen gut, tauchen und jagen ihre Nahrung.

9

Großer Kormoran

Phalacrocorax carbo, 80-100 cm.
Schwarz, im Hochzeitskleid mit weißen
Flecken an den Waden und am Kinn ▲.
Weißlich sind auch Kopf und Hals. Beim
Schwimmen taucht er tief ein, den
schmalen Schnabel schräg nach oben
gestreckt. Ausgezeichneter Taucher.
Nach der Jagd sitzt er mit ausgebreiteten
Flügeln. Nistet gesellig auf Bäumen.

Zwergscharbe

Phalacrocorax pygmeus, 45-55 cm.
Im Hochzeitskleid sind Kopf und Hals
kastanienbraun mit weißen Flecken ▲,
der Rest des Körpers ist schwarz. Nach
dem Nestbau verschwinden die Tupfen.
Wie andere Kormorane fliegt auch
dieser mit nach vorn gestrecktem Hals
▲. Nistet in Kolonien auf Bäumen,
Sträuchern und im Schilf.

Blesshuhn

Fulica atra, 36-39 cm. Ist gänzlich
schwarz mit weißem Schnabel und
weißer Blesse auf der Stirn ▲. Die
Jungen sind graubraun ▲. Die Fuß-
zehen sind gesäumt von Hautlappen ▲.
Ausgezeichneter Taucher, fliegt jedoch
schwerfällig auf, wobei es über den
Wasserspiegel Anlauf nimmt. Geht nur
ausnahmsweise ans Ufer.

Grünfüßiges Teichhuhn

Gallinula chloropus, 32-35 cm.
Schwarzbraun, mit schmalem weißlichem Streifen an der Seite. Mit dem
kurzen schwarzweißen Schwanz ▲
zuckt es ständig beim Schwimmen
und Laufen. Die grünen Beine haben
sehr lange Zehen ▲, die Stirn ist rot ▲
und der Schnabel hat eine gelbe Spitze.
Die Jungen sind graubraun ▲.

Samtente

Melanitta fusca, 51-58 cm. Der Erpel (das Männchen) ist schwarz mit weißem Fleck am Auge und einem kleinen weißen Spiegel ▲. Der Schnabel ist schwarzgelb und an der Wurzel verdickt. Das Weibchen ist schwarzbraun mit zwei weißlichen Flecken am Kopf ▲. Der Erpel der Trauerente *Melanitta nigra* ist völlig schwarz.

Schellente

Bucephala clangula, 42-50 cm. Erpel schwarzweiß mit einem runden weißen Fleck auf dem schwarzen, grünlich schimmernden Kopf ▲. Das Weibchen hat einen braunen Kopf mit hellem Band am Hals ▲, der Körper ist graubraun. Hält sich ständig im Wasser auf, im Sommer ist das laute Schwirren der Flügel zu hören. Nistet in Baumhöhlen.

Reiherente

Aythya fuligula, 40-47 cm. Der Erpel ist im Hochzeitskleid schwarz mit weißen Flanken ▲ und einem in den Nacken hängenden Schopf ▲. Das Weibchen ist braun mit der Andeutung eines Schopfes ▲ und hat am Schnabel einen weißlichen Fleck ▲. Beide haben gelbe Augen. Nistet an stehenden Gewässern mit dichter Ufervegetation.

Bergente

Aythya marila, 42-51 cm. Der Erpel ähnelt der Reiherente, hat jedoch einen hellgrauen, fein gewellten Rücken ▲ und es fehlt ihm der Schopf. Das Weibchen ist braun, hat ausdrucksvolle weiße Felder am Schnabel ▲ und einen kleineren Fleck in der Ohrgegend. Nistet an Seen in der Tundra und in der Taiga.

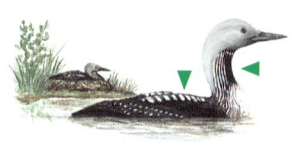

Sterntaucher

Gavia stellata, 53-69 cm. Trägt im Hochzeitskleid einen auffälligen rotbraunen Fleck auf grauem Hals ▲, an der Oberseite weißliche Tupfen. Im Winter ist er graubraun und fein getüpfelt ▲. Der Schnabel erscheint leicht nach oben gestreckt. Nistet an Seen und in Sumpfgebieten Nordeuropas.

Prachttaucher

Gavia arctica, 58-73 cm. Im Brutkleid hat er einen grauen Kopf, schwarze Felder an der gestreiften Kehle ▲ und einen grob schwarzweiß karierten Rücken ▲. Im einfachen Kleid ist er von oben dunkel graubraun ▲. Besetzt vor allem tiefe Seen und ist in der Lage, beim Tauchen sehr lange unter Wasser zu bleiben.

Rothalstaucher

Podiceps griseigena, 40-50 cm. Im Frühjahr ist der vordere Teil des Halses rotbraun ▲, das Gesicht grauweiß. Auch im Winter ist der Scheitel einfarbig dunkel, die Wangen sind grau, die Schnabelwurzel ist gelb. Der Nacken hat eine etwas kantige Form ▲. Hält sich überwiegend zwischen Wasserpflanzen versteckt.

Haubentaucher

Podiceps cristatus, 46-51 cm. Im Frühling ist der Kopf mit schwarzen Hörnchen und einem braunen, aufstellbaren Kragen geschmückt ▲. Wangen, Vorderseite des Halses und Unterseite sind weiß. Beim Balzen nehmen die Partner einander gegenüber Spiegelpositionen ein. Im Winter hat er einen dunklen Scheitel und der Kragen fehlt ▲.

Ohrentaucher

Podiceps auritus, 31-38 cm. Im Hochzeitskleid trägt er auffällige gelbe Federbüschel am Kopf ▲ und einen rotbraunen Hals ▲. Im einfachen Kleid hat er scharfe Abgrenzungen ▲ zwischen dem dunklen Scheitel und den weißen Wangen. Die Zehen aller Taucher sind von lederartigen Hautlappen gesäumt ▲.

Schwarzhalstaucher

Podiceps nigrocollis, 28-34 cm. Im Frühjahr oben schwarz, einschließlich Hals und Kopf, an dessen Seiten sich gelbe Federwirbel befinden ▲. Die Augen sind rot, der Schnabel leicht nach oben gebogen. Im Winter ist die Grenze zwischen Scheitel und Wangen unscharf ▲. Nistet in der Ufervegetation oftmals in Kolonien.

Zwergtaucher

Tachybaptus ruficollis, 25-29 cm. Im Frühling mit kastanienbraunem Gesicht und Hals, an der Schnabelwurzel mit gelblichem Fleck ▲. Im Winter ist er grau mit gelbbraunem Hals ▲. Hält sich im dichten Bewuchs auch ganz kleiner Teiche auf, von woher er sich mit an- und abschwellenden Trillern "bibibibi" verrät.

Purpurralle

Porphyrio porphyrio, 45-50 cm. Ganz blau mit weiß geriemten Flügeldecken. Schnabel, Stirnschild und die langen Beine sind rot ▲. Die Jungen sind blaugrau ▲ mit hellrotem Schnabel und Beinen. Hält sich im dichten Uferbewuchs auf, schwimmt nur selten.

Zwergsäger

Mergus albellus, 38-44 cm. Männchen mit grauen Augen und kurzem Schopf. Im Brutkleid wird die weiße Farbe von einer schwarzen Zeichnung ergänzt ▲. Das Weibchen ist graubraun mit weißen Wangen, braunem Käppchen ▲ und braunen Augen. Wie alle Säger hält er sich stets am Wasser auf. Taucht gut und nistet in Baumhöhlen.

Gänsesäger

Mergus merganser, 58-66 cm. Der schwarzgrüne Kopf des Männchens hat die Andeutung eines Schopfes im Nacken ▲. Blassrosa Unterseite ▲. Der rostrote Kopf und Hals des Weibchens werden scharf begrenzt vom weißen Kinnfleck. Trägt einen Nackenschopf ▲. Der schmale, lange Schnabel ist rot. Nistet in Baumhöhlen.

Kleines Sumpfhuhn

Porzana parva, 18-20 cm. Hat grüne Beine ▲ und einen kurzen, gelbgrünen Schnabel mit roter Wurzel. Nur unter dem Schwanz quer gestreift ▲. Die Unterseite des Männchens ist graublau, beim Weibchen gelbbraun. Lebt sehr versteckt in dichtem Bewuchs am Wasser.

Zwergsumpfhuhn

Porzana pusilla, 17-19 cm. Hat rötliche Beine ▲ und auf dem Rücken weiße Flecken. Die Unterseite ist graublau, die schwarzweiße Bänderung reicht bis an die Flanken ▲. Die Jungen sind graubraun, auf der Brust gestreift ▲. Wie andere Sumpfhühner wippt es beim Gehen mit dem Schwanz. Bewohnt morastige Stellen mit dichter Vegetation.

Rosapelikan

*Pelecanus onocrotalus,*140-175 cm.
Gefieder leicht rosa, Beine gelbrot,
Flügel im Sommer an der Unterseite
schwarzweiß ▲. Der weiße Krauskopf-
pelikan *Pelecanus crispus* (160-180 cm)
trägt im Nacken einen struppigen
Schopf, die Beine sind grau. Flügel von
unten grauweiß mit dunklen Spitzen ▲.
Bevorzugt große Schilfflächen.

Höckerschwan

Cygnus olor, 145-160 cm. Ganz weiß.
Der orangerote Schnabel hat an der
Wurzel einen schwarzen Höcker ▲.
Trägt den Hals beim Schwimmen s-förmig gebogen, die Flügel halb erhoben.
Im Flug erzeugen die Schwingen ein
melodisches Pfeifen. Gibt schnarchen-
de und grunzende Laute sowie Zischen
von sich. Die Jungen sind graubraun ▲.

Singschwan

Cygnus cygnus, 145-160 cm. Weißes
Gefieder, die gelbe Farbe des Schnabels
läuft nach vorn in die schwarze Spitze
aus ▲. Trägt den Hals gerade, die Flügel
am Körper angelegt. Lebt an stehenden,
im Winter auch an fließenden Gewässern. Meldet sich mit klangvoller,
trompetender Stimme. Alle Schwäne
fliegen mit angezogenem Hals.

Zwergschwan

Cygnus columbianus oder *Cygnus
bewickii,* 110-130 cm. Kleiner als die
beiden vorangegangen Arten, ebenfalls weiß. Hält den kurzen Hals gestreckt und legt die Flügel am Körper
an. Die vordere Schnabelhälfte ist
schwarz, die hintere gelb und die
Grenze zwischen beiden Farben ist
bogenförmig ▲. Stimme schnatternd.

Blessgans

Anser albifrons, 66-76 cm. Graubraun mit schwarzen Querstreifen an der Unterseite ▲ und weißem Fleck über der Schnabelwurzel ▲. Den jungen Vögeln fehlen dieser Fleck ▲ und die Streifen auf dem Bauch. Nistet in der morastigen Tundra. Im Winter sucht sie Meeresküsten oder Flüsse und Teiche mit angrenzenden Wiesen auf.

Zwerggans

Anser erythropus, 53-66 cm. Die weiße Farbe der Stirn reicht bis über das Auge, um das sich ein gelber Ring zieht ▲. Graubraun mit schwarzen Querstreifen an der Unterseite. Die Jungen haben schon den gelben Augenring ▲. Nistet in Tundra und Baumtundra in der Umgebung von Flüssen und Seen, überwintert am Wasser.

Graugans

Anser anser, 75-90 cm. Sie ist grau, im Flug von oben gesehen ist der vordere Teil der Flügel deutlich heller ▲. Der Schnabel ist orange bis fleischrot ▲, die Beine sind rot ▲. Der Schwarm formiert sich zur Reihe oder zum Keil. Nistet an schilfbewachsenen Wasserflächen.

Kanadagans

Branta canadensis, 90-110 cm. Überwiegend braun, fein hell gebändert. Kopf und Hals sind schwarz mit weißem Streifen vom Kinn aufwärts ▲. Stammt aus Nordamerika, ist in Nord- und Westeuropa heimisch geworden, wo sie unterschiedlichste Gewässertypen bewohnt, einschließlich der Meeresküsten.

Brandgans, Brandente

Tadorna tadorna, 58-71 cm. Bunte, schwarz-rostrot-weiße Färbung. Der Schnabel ist rot, beim Erpel mit einem Höcker an der Wurzel ▲, beim Weibchen mit weißem Saum ▲. Die Küken sind graubraun, von unten weiß ▲. Lebt an seichten Gewässern sowohl am Süß-, als auch am Salz- und Brackwasser.

Schnatterente

Anas strepera, 46-56 cm. Der Erpel ist im Hochzeitskleid dunkelgrau, fein gewellt, mit schwarzem Hinterteil ▲. Das Weibchen ist bräunlich, dunkel gefleckt. Für beide typisch ist der weiße Spiegel an den Flügeln. Nistet an seichten Wasseransammlungen mit bewachsenen Ufern.

Stockente

Anas platyrhynchos, 51-62 cm. Typisch ist der dunkelblaue, weiß gesäumte Spiegel, am augenfälligsten im Sommer ▲. Das Männchen hat im Hochzeitskleid einen dunkelgrünen Kopf ▲, ein weißes Halsband und einen kastanienbraunen Kropf ▲. Das Weibchen ist braun gefleckt. Lebt an Gewässern aller Art.

Krickente

Anas crecca, 34-38 cm. Kleinste europäische Ente. Der Erpel hat im Frühling einen braunen Kopf mit grünem Seitenband ▲ und einen gelben Fleck unter dem Schwanz ▲. Das Männchen der Knäkente *Anas querquedula*, 37-41 cm, hat auf dem Kopf einen weißen Bogenstreif ▲. Weibchen braun gefleckt. Nistet an Teichen und Flüssen.

Löffelente

Anas clypeata, 49-52 cm. Typisch ist
der lange, löffelförmig verbreiterte
Schnabel ▲. Der Erpel hat im Frühjahr einen dunkelgrünen Kopf, eine
weiße Brust und braune Flanken ▲.
Nistet an seichten Wasseransammlungen und toten Flussarmen, in
Sümpfen und auf überschwemmtem
Gelände.

Kolbenente

Netta rufina, 53-57 cm. Das Männ-
chen hat einen auffallend rostroten
Kopf, schwarz sind Brust und
Schwanz, die Seiten weiß ▲ und der
Schnabel rot ▲. Das Weibchen ist
graubraun mit dunklem Häubchen
und hellen Wangen ▲. Lebt am Süß-,
Salz- und Brackwasser.

Tafelente

Aythya ferina, 42-49 cm. Von gedrungener Gestalt, mit einem starken Hals
und einem etwas nach oben gebogenen Schnabel. Der Erpel hat einen rost-
braunen Kopf ▲, eine schwarze Brust
▲ und einen grauen Rücken. Das Weibchen hat gelbliche Flecken am Auge
und an der Schnabelwurzel. Nistet
an den verschiedensten Gewässern.

Moorente

Aythya nyroca, 38-42 cm. Eine
weitere Tauchente, gänzlich rostbraun, nur das Gefieder unter dem
Schwanz ist weiß ▲. Der Erpel hat
eine weiße Iris, das Weibchen eine
braune. Sucht seichte Süßwasser-
ansammlungen mit reichem Ufer-
pflanzenbestand auf.

Graureiher

Ardea cinerea, 90-98 cm. Grau mit weißem Hals und Bauch, schwarzem Streif über dem Auge und im Nacken verlängerten Federn ▲. Watet am Rand der Gewässer, fängt auf angrenzenden Feldern auch Wühlmäuse. Nistet gesellig auf Bäumen. Wie die anderen Reiher fliegt er mit s-förmig gebogenem Hals ▲.

Purpurreiher

Ardea purpurea, 78-90 cm. Im Hochzeitskleid rotbraun mit schwarzen Längsstreifen am Hals und Schmuckfedern im Nacken ▲. Die Küken sind gelbbraun mit undeutlichen Streifen. Im Stehen meist s-förmig gebogener Hals ▲. Nistet gewöhnlich in Kolonien im Schilfgürtel von Teichen.

Silberreiher

Casmerodius albus, 86-102 cm. Weiß mit schwarzen Beinen ▲. In der Brutzeit hat er einen schwarzen Schnabel mit gelber Wurzel ▲ und am Rücken sowie an den Körperseiten verlängerte Federn ▲. Seine Größe und die Farbe von Beinen und Schnabel unterscheidet ihn vom Seidenreiher. Hält sich am Wasser auf, nistet im Schilf.

Seidenreiher

Egretta garzetta, 55-65 cm. Reinweiß, mit schwarzem Schnabel ▲ und schwarzen Beinen mit gelben Zehen ▲. Im Hochzeitskleid verlängerte Schmuckfedern am Rücken und lange, bänderartige Federn im Nacken ▲. Nistet koloniebildend auch mit anderen Reiherarten auf Bäumen, Sträuchern und im Schilf.

Nachtreiher

Nyticorax nyticorax, 58-65 cm. Von geduckter Gestalt und mit großem Kopf. Rücken und Scheitel schwarz, Flügel grau, Unterseite weiß. In der Brutzeit trägt er im Nacken eine lange weiße Feder ▲. Die Jungvögel sind braun, weiß gefleckt ▲. Nistet koloniebildend auf Bäumen und Sträuchern am Wasser.

Weißstorch

Ciconia ciconia, 98-103 cm. Weiß mit schwarzen Schwungfedern, Beine und Schnabel rot ▲. Fliegt mit lang gestrecktem Hals ▲. Zu Hause ist er in der offenen Landschaft unweit des Wassers. Das große Nest baut er auf Bäumen, Dächern, Schornsteinen oder Strommasten.

Schwarzstorch

Ciconia nigra, 95-100 cm. Glänzend schwarz, mit weißem Bauch ▲. Schnabel und Beine sind rot. Fliegt und segelt wie der Weißstorch. Die Jungen haben grüngraue Beine und einen ebensolchen Schnabel. Lebt im Wald und baut sein Nest auf Bäumen und Felsen. Jagt gern in Bächen und Tümpeln.

Kranich

Grus grus, 114-130 cm. Grau, nur Kopf und Hals sind schwarz mit weißem Längsband, auf dem Scheitel sitzt ein rotes Käppchen ▲. Über dem Schwanz hängt ein Büschel lockiger Federn ▲. Im Sommer gestreckter Hals. Die Jungen sind graubraun. Nistet in Sumpfgebieten und im Schilfgürtel.

Stelzenläufer

Himantopus himantopus, 35-40 cm.
Ungewöhnlich lange, rote Beine ▲,
schmaler, gerader Schnabel ▲. Beim
Männchen sind Scheitel, Nacken und
hinterer Teil des Halses schwarz ▲. Das
Weibchen hat einen weißen Kopf ▲.
Sucht die seichten Ränder am Süß-,
Salz- und Brackwasser auf, nistet auf
der nackten Erde oder auf Gras.

Säbelschnäbler

Recurvirostra avosetta, 42-46 cm.
Erkennbar am langen, schmalen, nach
oben gebogenen Schnabel ▲ und den
langen blaugrauen Beinen ▲. Die Erwachsenen sind schwarzweiß, die Jungen braunschwarz ▲. Seine Nahrung
fängt er in Untiefen mit schnellen
Bewegungen des Schnabels. Nistet am
Boden oder in niedriger Vegetation.

Zwergdommel

Ixobrychus minutus, 33-38 cm.
Das Männchen ist gelbbraun mit
schwarzem Scheitel und Rücken ▲,
das Weibchen braun, unten mit
dunkleren Längsstreifen ▲. Lebt
versteckt im Schilf und ähnlichem
Bewuchs an stehenden und langsam
fließenden Gewässern.

Rohrdommel

Botaurus stellaris, 70-80 cm.
Hellbraun mit dunklen Längsstreifen
und grünen Beinen ▲. Lebt versteckt
im Schilf, in der Brutzeit ertönt ihr
tiefes, muhendes Rufen, am häufigsten nachts. Bei Gefahr verharrt sie
bewegungslos in 'Pfahlstellung' ▲.

Sturmmöwe

Larus canus, 38-44 cm. Weiß mit grauem Mantel (Flügel und Rücken) und schwarzen, weiß gefleckten Flügelspitzen ▲. Schnabel und Beine sind grünlich gelb ▲. Die Jungvögel haben einen gefleckten Mantel und ein dunkles Schwanzende ▲. Nistet an den Meeresküsten und an Binnengewässern, wo sie auch überwintert.

Weißkopfmöwe

Larus cachinnans, 55-67 cm. Große weiße Möwe mit grauen Flügeln und schwarzen, weiß getüpfelten Flügelspitzen. Die Beine sind gelb ▲. Der Kopf ist auch im Ruhekleid weiß ▲. Nistet ebenso wie die Silbermöwe an den Meeresküsten, an Seen und großen Flüssen. Die Jungen sind braun gefleckt.

Silbermöwe

Larus argentatus, 55-67 cm. Verbreitetste Seemöwe, sehr ähnlich der Weißkopfmöwe. Die Beine sind jedoch fleischfarben ▲ und im Ruhekleid ist der Kopf grau gestrichelt. Im Flug unterscheidet man sie beim Anblick von unten von der zuvor genannten Art durch den geringen Anteil von Schwarz in den Flügelspitzen ▲.

Lachmöwe

Larus ridibundus, 38-44 cm. Der dunkelbraune Kopf und der weiße Nacken ▲ unterscheiden sie von der Schwarzkopfmöwe *Larus melanocephalus*, deren Kapuze bis zum Hals reicht ▲. Die Spitzen der Handschwingen sind schwarz ▲. Die Jungen haben ein braun geflecktes Mäntelchen. Lebt an allen Gewässern.

Lachseeschwalbe

Gelochelidon nilotica, 33-43 cm. Trägt auf dem Kopf ein schwarzes Käppchen ▲. Die Beine sind lang und schwarz, ebenso wie der starke Schnabel ▲. Brust und Bauch sind weiß, die Flügel grau. Im Ruhekleid hat sie eine weiße Stirn. Wie alle Seeschwalben brütet sie in Kolonien, und zwar an Meeresküsten, an sandigen Fluss- und an Seeufern.

Fluss-Seeschwalbe

Sterna hirundo, 32-39 cm. Hat eine schwarze Kappe ▲ und einen roten Schnabel mit schwarzer Spitze, Gefieder weiß mit grauem Mantel. Schwanz ist tief eingeschnitten. Die Jungen haben eine weiße Stirn ▲, einen bräunlichen Oberkopf und schwarzbraune Flecken auf dem Mantel. Schaukelnder Flug, jagt mit Sturzflug ins Wasser.

Zwergseeschwalbe

Sterna albifrons, 22-24 cm. Im Hochzeitskleid weiße Stirn und schwarzer Streifen vom Auge bis zum gelben Schnabel mit schwarzer Spitze ▲. Gelbe Beine. Bei den Jungvögeln geht der aschgraue Scheitel in den schwarzen Nacken über ▲. Im Flug dunkle Handschwingen ▲, gabelförmiger weißer Schwanz. Nistet an Uferhängen.

Trauerseeschwalbe

Chlidonias niger, 22-24 cm. Körper im Frühling dunkelgrau, Kopf, Brust und Bauch schwarz ▲. Die unteren Schwanzdeckflügel sind weiß, Flügelunterseiten lichtgrau ▲. Bei Weißbart-Seeschwalbe *Chlidonias hybrida* kontrastieren die weißen Wangen mit der schwarzen oberen Kopfhälfte ▲. Beide Arten leben an Gewässern und in Sumpfgebieten.

23

Uferschnepfe

Limosa limosa, 36-44 cm. Im Hochzeitskleid sind Hals und Brust rostbraun ▲.
Der Schnabel ist lang und gerade. Hat
lange Beine. Im Sommer fallen ein
breiter weißer Streifen auf den Flügeln ▲
und ein schwarzer Saum am Ende des
weißen Schwanzes ▲ auf. Nistet auf
feuchten Wiesen an den Rändern von
Teichen und Feldern.

Brachvogel

Numenius arquata, 50-60 cm. Graubraun, fein gesprenkelt mit weißlicher
Unterseite. Hat einen schlanken, langen
Hals und einen langen, bogenförmig
nach unten gebogenen Schnabel ▲.
Im Flug fallen der weißliche Bürzel und
der quer gestreifte Schwanz auf. Nistet
vornehmlich auf Feuchtwiesen, seltener
auf Feldern.

Rotschenkel

Tringa totanus, 27-29 cm. Hat lange rote
Beine ▲ und einen an der Wurzel roten
Schnabel ▲. Auffällig im Flug sind der
breite weiße Saum am hinteren Flügel-
rand ▲, der weiße Bürzel und der weißliche, dunkel quer gestreifte Schwanz.
Nistet in Sumpfgebieten, auf Feuchtwiesen, an Teichrändern und mitunter
auch in wassernahen Feldern.

Bekassine

Gallinago gallinago, 25-27 cm. Auf Rücken
und Kopf helle Streifen ▲. Beim Aufstöre
vom Boden fliegt sie im Zickzack. Das
Männchen gibt in der Balz meckernde
Laute von sich. Die Zwergschnepfe
Lymnocryptes minimus (17-19 cm) hat
einen dunklen Scheitel ▲ und einen
keilförmigen Schwanz ▲. Beide nisten
in Sümpfen, Schilf und Feuchtwiesen.

Waldwasserläufer

Tringa ochropus, 21-24 cm. Die Oberseite des Körpers ist braun, dunkel gestrichelt. Unterseite, Schwanzwurzel und Bürzel sind weiß, oberseits am Schwanzende dunkle Querstreifen ▲. Im Flug sind die Flügel von unten und oben gesehen sehr dunkel. Nistet in verlassenen Vogelnestern an Waldsümpfen.

Flussuferläufer

Tringa hypoleucos, Actitis hypoleucos, 19-21 cm. Die weiße Farbe des Bauches läuft mit einem Zipfel vor dem Flügelansatz aus ▲. Im Flug ist ein schmales weißliches Band auf den Flügeln zu sehen ▲. Fliegt sehr niedrig über dem Wasser. Wippt beim Laufen. Nistet an Bach- und Flussufern, seltener an stehenden Gewässern.

Kampfläufer

Philomachus pugnax, 20-32 cm. Das Männchen hat im Hochzeitskleid einen aufstellbaren Kragen am Hals ▲, im Schlichtkleid (oben) sind beide Geschlechter bräunlich mit dunklen Flecken, das Weibchen ist deutlich kleiner. Nistet in Torfmooren und Feuchtwiesen, auf dem Zug hält er sich im Morast und an Untiefen von Seen auf.

Wasserralle

Rallus aquaticus, 22-28 cm. Langer, roter Schnabel ▲, graublaue Unterseite und schwarzweiß gestreifte Flanken ▲. Die Jungvögel (oben) sind unterseits schwarzbraun gefleckt ▲. Lebt versteckt in der dichten Ufervegetation von Teichen, toten Flussarmen und Sümpfen, von wo sie sich mit Brummen und schweinsartigem Quieken meldet.

Tüpfelsumpfhuhn

Porzana porzana, 22-24 cm. Brust und Oberkörper braun getüpfelt, die Bauchseiten quer gestreift ▲, Deckflügel am Schwanz gelbbraun ▲. Hat grüne Beine und lebt an Teichrändern, in Sümpfen und auf Feuchtwiesen, wo es sich im Frühling durch eine Stimme, die an einen Gertenhieb erinnert, verrät.

Kiebitz

Vanellus vanellus, 28-31 cm. Oberseits schwarz mit metallisch grünem Glanz, schwarz sind auch die Oberseite des Kopfes, die Kehle und der Streifen über der Brust ▲. Auf dem Kopf trägt er einen Schopf ▲. Im Flug, der oft sehr akrobatisch ist, fallen die breiten, abgerundeten Flügel auf ▲. Besiedelt Feuchtwiesen, Sümpfe und Felder.

Sandregenpfeifer

Charadrius hiaticula, 18-20 cm. Hat auf dem Kopf eine schwarzweiße Zeichnung mit einem weißlichen Fleck hinter den Augen ▲ und ein breites schwarzes Brustband. Beine rotbraun, Schnabel gelb mit schwarzer Spitze ▲. In den Flügeln ist beim Fliegen ein weißes Band zu sehen ▲. Nistet an Meeresküsten, Flüssen und Seen.

Flussregenpfeifer

Charadrius dubius, 14-15 cm. Sieht dem Sandregenpfeifer ähnlich, über die schwarze Stirn zieht sich ein schmaler weißlicher Streifen ▲. In den Flügeln fehlt das weiße Band ▲. Schnabel schwarz ▲, Beine gelblich. Nistet auf den Sand- und Kiesufern von Flüssen und Seen, in Sandgruben und auf dem Grund abgelassener Teiche.

Fischadler

Pandion haliaetus, 55-56 cm. Körperunterseite und Kopf weiß, über die Augen zieht sich ein breiter schwarzer Streifen ▲. Charakteristisch im Flug sind die langen, abgewinkelten Schwingen mit schwarzem Fleck in der Beuge ▲. Nistet auf hohen Bäumen an großen Flüssen, an Teichen und Seen, in denen er im Sturzflug Fische fängt.

Seeadler

Haliaeetus albicilla, 77-92 cm. Ausgewachsen mit mächtigem gelbem Schnabel ▲. Im Flug lange, brettartige Schwingen, keilförmig auslaufender weißer Schwanz ▲. Bei den Jungvögeln sind Schnabel und Schwanz dunkel ▲, später ist der Schwanz gefleckt. Lebt an großen Flüssen, an Seen und Teichen, nistet in Wäldern.

Rohrweihe

Circus aeruginosus, 48-55 cm. Das Männchen ist von oben gesehen dunkelbraun mit hellem Kopf, Schwanz und große Flügelflächen sind grau, das Weibchen ist dunkelbraun mit gelber Kehle und gelbem Scheitel. Nistet im Schilfbewuchs an Teichrändern, in Sümpfen, mitunter auch in Feldern, jagt über Feldern und Wiesen.

Kornweihe

Circus cyaneus, 43-50 cm. Das Männchen ist hellgrau mit schwarzen Flügelspitzen ▲, das Weibchen braun gefleckt, beide haben einen weißen Bürzel. Fliegt langsam und schaukelnd niedrig über dem Erdboden, hält beim Segeln häufig die Flügel in V-Form. Nistet in Morasten, Torfmooren, Feuchtwiesen und auf Waldlichtungen.

Eisvogel

Alcedo atthis, 16-17 cm. Großer Kopf mit langem, geradem Schnabel ▲, kurzer Hals und Schwanz, sehr kurze Beinchen. Fliegt rasch und niedrig über dem Wasser. Stürzt sich zum Jagen von einer Warte aus kopfüber auf kleine Fische. Nistet in gegrabenen Erdhöhlen in den Uferböschungen von Flüssen, Bächen und Teichen.

Blaukehlchen

Luscinia svecica, etwa 14 cm. Männchen mit blauem Brustlatz und weißem (weißsterniges Blaukehlchen, Detail ▲) oder rostrotem Mittelfleck (Tundrablaukehlchen, auf dem Zweig). Das Weibchen hat eine von schwarzen Flecken begrenzte helle Kehle ▲. Bewohnt die nördliche Tundra, südlicher sumpfiges Gelände mit Schilf.

Schafstelze

Motacilla flava, etwa 17 cm. Männchen mit gelber Unterseite ▲ und grauem Oberkopf (andere Unterarten grünlich bis schwarz). Weibchen mit weißlicher Kehle. Nistet auf Feuchtwiesen, in Sümpfen und Torfmooren, wo sie gern auf herausragenden Pflanzen sitzt. Mit dem sehr langen Schwanz ▲ wippt sie ständig auf und ab.

Gebirgsstelze

Motacilla cinerea, 18-19 cm. Männchen oberseits aschgrau, unterseits gelb mit schwarzem Kehlfleck ▲, der dem Weibchen fehlt ▲. Ist an Wasser gebunden, hält sich an Bächen und Flüssen auf, seltener an stehenden Gewässern bei Teichabflüssen, an Schleusen und Wehren. Auch sie wippt mit dem Schwanz.

KLEINE BUNTE VÖGEL

Wasseramsel

Cinclus cinclus, etwa 18 cm. Braun mit großem weißem Brustlatz ▲. Lebt an schnell fließenden, steinigen Strömen, wo sie auf Felsbrocken sitzt und auf typische Art den Körper wiegt. Taucht, schwimmt und läuft unter Wasser. Fliegt niedrig mit heftigem Flügelschlag. Baut kugelförmige Nester in Hohlräumen am Ufer.

Bartmeise

Panurus biarmicus, 16-17 cm. Auffällig langer, gestufter Schwanz ▲. Der Kopf des Männchens ist blaugrau mit abgesetztem schwarzem Bart, der sich vom Auge und Schnabel abwärts zieht ▲. Weibchen mit braunem Kopf. Bewohnt Schilfgebiete und verrät sich durch den Lockruf "ping-ping". Fliegt ruckartig niedrig über dem Schilf.

Beutelmeise

Remiz pendulinus, etwa 11 cm. Rotbrauner Rücken, grauweißer Kopf mit schwarzer Augenmaske ▲ (fehlt bei Jungvögeln.) Bewegt sich im Gestrüpp und in Baumkronen am Wasser oder im Schilf, wo sie mit einem sehr hohen "cii" auf sich aufmerksam macht. Das Nest in Form eines Fausthandschuhs hängt frei an den Enden dünner Zweige ▲.

Rohrammer

Emberiza schoeniclus, 15-16 cm. Männchen im Hochzeitskleid mit schwarzem Kopf und Kinn, weißem Bart und Halskragen ▲. Weibchen braun gefleckt mit hellem Bart und Überaugenstreif ▲. Nistet im Röhricht, an morastigen und zugewachsenen Ufern von Teichen und Flüssen, in Sumpfgebieten und auf Feuchtwiesen mit Buschwerk.

Teichrohrsänger

Acrocephalus scirpaceus, 12-13 cm.
Brauner Rücken, rostfarbener Bürzel,
dunkle Beine ▲. Über den Augen ver-
läuft ein heller Streif. Der Gesang ist
auffällig durch strengen Takt und mehrfach wiederholte Motive, die beschrie-
ben werden mit "schtirschi, schtirschi,
schtirschi-tschi, tschi, tschi ...".
Bewohnt Schilfzonen.

Schilfrohrsänger

Acrocephalus schoenobaenus, etwa
13 cm. Bräunliches Hinterteil mit
schwarzen Streifen und rostbraunem
Bürzel ▲, dunkler Scheitel mit einem
Band ockerfarbener Flecken, gelblicher
Überaugenstreif ▲. Lebt in hohem
Schilf und Riedgras, auf Feuchtwiesen
mit Buschwerk. Fliegt beim Singen oft
auf und lässt sich dann sinken.

Drosselrohrsänger

Acrocephalus arundinaceus, etwa
19 cm. Größter Rohrsänger, oberseits
braun, heller Streifen über dem Auge ▲.
Nistet im Schilfgürtel und im Röhricht
mit dauerhaftem Wasserstand. "Bindet"
das tiefe Nest an mehreren Halmen
fest ▲ (ebenso wie der Teichrohrsänger).
Die Stimme klingt rau kreischend
"kare, kare, kit kit".

Uferschwalbe

Riparia riparia, etwa 12 cm. Oberseits
braun, die weiße Unterseite unterbricht
ein braunes Querband an der Kehle ▲.
Der Schwanz ist kurz und nur flach eingeschnitten. Nistet in Kolonien von
unter hundert bis zu tausend Paaren in
sandigen oder lehmigen Steilufern von
Flüssen oder in Kiesgruben, in die sie
tiefe Höhlen gräbt.

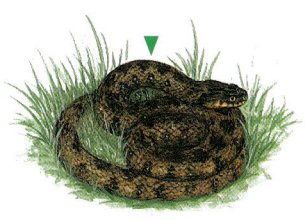

Ringelnatter

Natrix natrix, 70-150 cm. Grau bis braun, oft mit Längsreihen kleiner, spärlicher Tüpfel. Typisches Zeichen sind die weißlichen bis gelborange halbmond-förmigen Flecken am hinteren Teil des Kopfes ▲. Die ungiftige Schlange lebt an bewachsenen Ufern stehender und langsam fließender Gewässer. Schwimmt und taucht gut.

Vipernnatter

Natrix maura, 70-100 cm. Grundfarbe gelblich, bräunlich bis olivgrau, auf dem Rücken befindet sich eine Reihe dunkler, kantiger Flecke, die zu einer Zickzacklinie verbunden sein können. Seitlich quadratische Flecken, die meist ein helles Zentrum haben ▲. Nicht giftig. Lebt an den Ufern fließender, seltener stehender Gewässer.

Europäische Sumpfschildkröte

Emys orbicularis, 10-18 cm. Dunkel mit kleinen gelben Flecken und Streifen auf der Oberseite des Panzers, an Hals und Kopf ▲. Relativ langer Schwanz. Vorder-beine fünfzehig, Hinterbeine vierzehig. Männchen haben eine bräunliche, die Weibchen eine gelbe Iris. Den Winter verschläft sie eingegraben im Schlamm.

Kaspische Bachschildkröte

Mauremys caspica, 10-25 cm. Bräun-licher, flacher Panzer, ausgeprägte Längsstreifen an den Halsseiten ▲, kleine weiche Schilde an den Seiten. Das obere Schild ist deutlich gekielt. Ihr Lebensraum sind stehende und langsam fließende Gewässer.

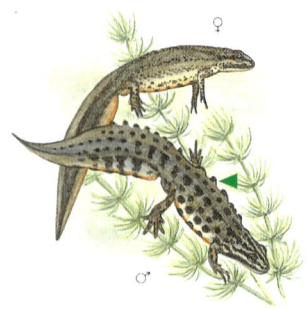

Teichmolch

Triturus vulgaris, 6-11 cm. Dem Männchen wächst während der Fortpflanzungsperiode ein auffällig gezahnter Kamm, der sich vom Nacken bis zum Schwanzende zieht ▲. Rücken und Flanken getüpfelt. Vermehrt sich in kleinen Wasseransammlungen, verlässt Ende Juni das Wasser und lebt unter Steinen, zwischen Wurzeln und im Moos.

Kammmolch

Triturus cristatus, 13-18 cm. Oberseite dunkel, am Bauch gelb bis orange mit schwärzlichen Flecken. An Kopf und Hals kleine weiße Tüpfel. Dem Männchen wächst in der Paarungszeit ein mächtiger, zerklüfteter Kamm, der durch einen tiefen Einschnitt vom Schwanz getrennt ist ▲. Bewohnt überwiegend stehende Gewässer.

Bergmolch

Triturus alpestris, 8-11 cm. Das Männchen trägt während der Paarungszeit einen hellblauen, schwarz getüpfelten Streifen ▲ an den Flanken und nur einen niedrigen Rückenbesatz mit geradem Rand. Satt orangefarbener Bauch ▲. Von Frühjahr bis Sommer lebt er in kleinen stehenden Gewässern, später auf dem Trockenen.

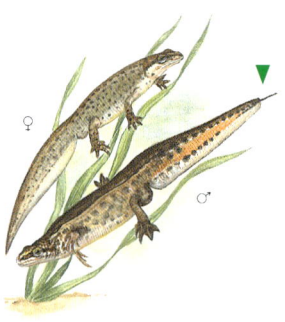

Fadenmolch

Triturus helveticus, 7-10 cm. Weißlicher Bauch, die Männchen haben in der Fortpflanzungszeit einen niedrigen, glattrandigen Rückenbesatz bis zum Schwanz, dessen abgerundetes Ende in einen 5-6 mm langen Faden ausläuft ▲. Auffallend dunkle Schwimmhäute an den Hinterbeinen. Vermehrt sich in kleinen Wasseransammlungen.

Karpatenmolch

Triturus montandoni, 7-11 cm. Die Männchen haben während der Paarungszeit einen glattrandigen, flossenartigen Besatz auf dem Schwanz. Die Schwanzspitze läuft in einen dünnen Faden aus ▲. Der Rücken geht in ausgeprägte Hautkanten über. Lebt im Frühjahr in schlammigen, stehenden Gewässern, später außerhalb des Wassers.

Pyrenäen-Gebirgsmolch

Euproctus asper, 11-16 cm. Derbe, warzenbesetzte Haut ▲. Die Grundfärbung ist bräunlich bis schwarz, der Bauch meist gelblich. In der Trockenphase hat er einen gelben Strich auf dem Rücken. Lebt in den kalten Gewässern von Bergbächen und Bergseen. Wie die anderen Molche ernährt er sich von kleinen Wirbellosen.

Feuersalamander

Salamandra salamandra, 12-20 cm. Schwarz mit unregelmäßig gestreuten gelborange Flecken, die mitunter zu Streifen verfließen ▲. Bewohnt Laub- und Mischwälder, nachts oder bei Regen kriecht er aus Bodenverstecken. Die beweglichen vierbeinigen Larven mit Außenkiemen legt das Weibchen in sauberen Bächen ab. Giftig!

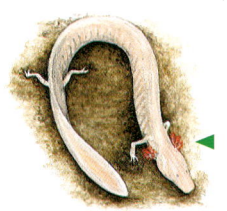

Grottenolm

Proteus anguinus, 20-30 cm. Bizarrer Lurch mit unförmigem Kopf, flachem Maul, dreizehigen vorderen und zweizehigen hinteren Gliedmaßen sowie äußeren Kiemen ▲. Das Leben in der Dunkelheit unterirdischer Flüsse und Seen der Karsthöhlen führte zum Pigmentverlust, deshalb ist die Haut weiß bis rosa, die Augen sind verkümmert.

Erdkröte

Bufo bufo, 8-12 cm. Die meist nacht-
aktive Kröte vermehrt sich in allen
Gewässern, zu denen sie in Massen-
zügen mehrere Kilometer weit wan-
dert. Legt den Laich in Schnüren ab,
die sie an Wasserpflanzen hängt ▲.
Auffällig warzenbedeckte Haut und
goldschimmernde Augen mit waage-
rechter Pupille ▲.

Wechselkröte

Bufo viridis, 7-10 cm. Erkennbar an den
unregelmäßigen hellen und dunkelgrünen Flecken, die an ein Tarnnetz
erinnern ▲. Zwischen diesen Flecken
sind gelbe bis rote Tüpfel verstreut.
In der Paarungszeit, die sich bis zum
Beginn des Sommers hinzieht, meldet
sie sich an seichten stehenden Gewässern mit einem klangvollen "irrrr".

Kreuzkröte

Bufo calamita, 5-8 cm. Über die Mitte
des graubraunen Rückens zieht sich ein
charakteristisches, schmales, gelblich-
weißes Band ▲. Kurze Hinterbeine,
kann deshalb nicht springen, sondern
nur laufen. Bewohnt Stellen mit leich-
teren Sandböden, in die sie sich tagsüber gern eingräbt. Legt ihre Eier in
seichte stehende Gewässer.

Gemalter Scheibenzüngler

Discoglossus pictus, Veränderliche
Färbung mit Längsstreifen ▲, gefleckt
und marmoriert. Warzenbedeckte Haut.
Lebt an Ufern stehender und langsam
fließender Gewässer, auch in Pfützen,
an Viehtränken u.Ä. Die Kaulquappen
entwickeln sich schnell und können
nach drei Wochen ausgewachsen sein.

Grasfrosch

Rana temporaria, 5-11 cm. Unterseite braun marmoriert, Kopf vorn abgerundet ▲. Das gestreckte Hinterbein reicht mit dem Fersengelenk nicht über das Maul. In seichten stehenden oder langsam fließenden Gewässern hält er sich nur im zeitigen Frühjahr zur Paarungszeit auf. Lebt dann außerhalb des Wassers. Legt den Laich in Haufen am Ufer ab.

Moorfrosch

Rana arvalis, 5-8 cm. Unterseite hell und größtenteils ohne Flecken. Das Maul endet spitz ▲. Das ausgestreckte Hinterbein erreicht mit dem Fersengelenk die Maulspitze. Männchen in der Paarungszeit auf dem Kopf, oft auch am ganzen Körper blau, häufig mit hellem Rückenstreif. Lebt außerhalb der Fortpflanzungsperiode auf dem Trockenen.

Springfrosch

Rana dalmatina, 6-9 cm. Schlanker Frosch mit auffallend langen Hinterbeinen (beim Nachvornstrecken des Hinterbeins erreicht das Fersengelenk die Maulspitze ▲). Der Bauch ist einheitlich gelblich. Häufig kommt er noch früher an die Laichplätze als der Grasfrosch. Außerhalb dieser Zeit lebt er weitab vom Wasser.

Spanischer Frosch

Rana iberica, 5-7 cm. Kleiner, gedrungener Frosch mit kurzem Kopf und flachem Maul ▲. Die Schallblasen fehlen. Vom Grasfrosch unterscheiden ihn auch die stark entwickelten Schwimmblasen zwischen den Zehen. Bewohnt helle Wälder mit kalten und sauberen Bächen auch hoch in den Bergen. Überwintert im Wasser.

35

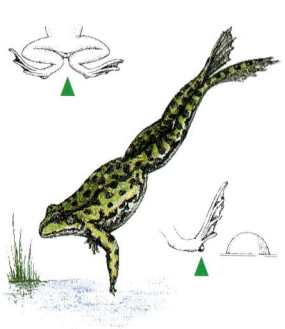

Seefrosch

Rana ridibunda, 6-15 cm. Großer Frosch mit dunklen runden Flecken auf dem Hinterteil ▲. Männchen mit grauen Schallblasen in den Mundwinkeln. Der Fersenhöcker ist niedrig und kurz (▲ und Detail), die mit den Fersen zueinander gelegten Hinterbeine überlappen sich ▲. Laute Quakstimme. Lebt in wärmeren Lagen.

Wasserfrosch

Rana lessonae, 4-8 cm. Bräunlich bis grün, häufig mit schmalem gelblichem oder hellgrünem Mittelstreifen auf dem Rücken. Außerhalb der Paarungszeit sucht er kleine Gewässer auf. Der Fersenhöcker ist hoch (▲ und Detail), die Schienbeine der mit den Fersen zueinander gelegten Hinterbeine berühren sich nicht ▲.

Teichfrosch

Rana esculenta, 5-12 cm. Ist eine Kreuzung von See- und Wasserfrosch. In der Färbung überwiegt Grün. Gehört zu den so genannten grünen Wasserfröschen, die sich vom Wasser nicht entfernen. Liebt kleinere und größere stehende sowie langsam fließende Gewässer, die reich mit Wasserpflanzen bewachsen sind.

Schlammtaucher

Pelodytes punctatus, bis 5 cm. Nachtaktiv. Springt und klettert gut. Auf dem gräulich bis olivgrün gefleckten Rücken zeigt er häufig eine x-förmige Zeichnung ▲. Beim Männchen bilden sich dunkle Schwielenpaare auf den Vorderbeinen, dem Kinn und der Brust. Legt den Laich in kurzen dicken Schnüren in stehende Gewässer.

Gelbbauchunke

Bombina variegata, 3-5,5 cm. Oberseits bräunlich bis graugrün, Rückenwarzen mit kleinen hornartigen Dornen , sodass sich die Haut rau anfühlt. Am Bauch hat sie breite gelbe Flecke, die den dunklen Untergrund dominieren . Zur Paarung, die sich bis August hinzieht, sucht sie kleine Teiche, Tümpel und Lachen auf.

Rotbauchunke

Bombina bombina, 3-6 cm. Unterscheidet sich von der nebenstehenden Art durch orangefarbene Flecke auf dem Bauch , eine weichere Haut und paarige Schallblasen unter der Kehle. Die Stimme ist monoton, ein melancholisches "ung-ung-ung". Sie kann sich in kleinen Wasseransammlungen auch mehrmals im Jahr vermehren.

Knoblauchkröte

Pelobates fuscus, 4-8 cm. Nachtaktiv, tagsüber eingegraben in der Erde. Sucht die Umgebung von Wiesen, meidet Wälder. Kurze Füße mit schwarzem Grabhöcker , große, vorstehende Augen mit senkrechter Pupille . Die Kaulquappen wachsen bis zum Ende des Sommers auf 10 cm heran, nach Überwinterung 18 cm.

Messerfuß

Pelobates cultripes, 5-10 cm. Ähnelt der Knoblauchkröte, der Kopf ist jedoch weniger gewölbt und der Fersenhöcker an den Hinterbeinen schwarz. Lebt auf lockerem Sandboden, in den er sich eingraben kann. Sucht flache, oft nur vorübergehende Wasseransammlungen auf. In trockenen Sommern kann er die Vermehrung aussetzen.

Laubfrosch

Hyla arborea, 3-5 cm. Baumfrosch.
Die Bewegung im Blattwerk ermög-
lichen ihm breite Zehenspitzen mit
Haftscheiben ▲. Ist grün, kann jedoch
die Farbe je nach Umgebung wechseln.
Dank einer großen Schallblase hat das
Männchen eine sehr laute Stimme.
Das Weibchen legt in Teichen einen
etwa walnussgroßen Laichhaufen ab.

Mittelmeerlaubfrosch

Hyla meridionalis, 3-5 cm.
Wichtigstes Unterscheidungsmerkmal
zum Laubfrosch ist die Färbung der
Flanken, auf denen der dunkle Seitenstreifen fehlt. Dieser endet nämlich
knapp hinter dem Kopf ▲. Zur Fort-
pflanzung sucht er kleinere Flachge-
wässer, Bewässerungsgräben und
Brunnen auf.

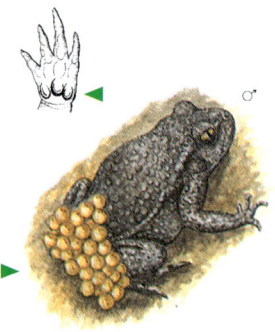
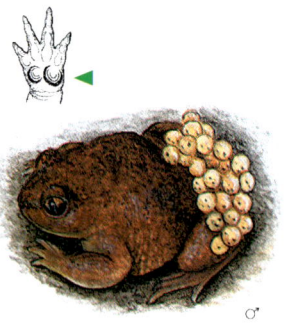

Geburtshelferkröte

Alytes obstetricans, 3-5,5 cm.
Warzenbedeckte Haut und senkrechte
Pupillen. Auf den Sohlen der Vorder-
beine hat sie 3 Schwielen ▲. Bewohnt
waldige oder felsige Biotope. Das Männchen bindet sich die Laichschnur mit 20
bis 80 Eiern um die Hinterbeine ▲ und
feuchtet sie regelmäßig im Wasser an,
bis die Kaulquappen schlüpfen.

Iberische Geburtshelferkröte

Alytes cisternasii, 3-5 cm. Ist der
Geburtshelferkröte sehr ähnlich, lässt
sich daran unterscheiden, dass der
vierte Finger der vorderen Gliedmaßen
sehr viel kürzer ist als der zweite und
auf den Sohlen nur zwei ungleich große
Schwielen sitzen ▲. Vermehrt sich
ebenso wie die nebenstehende Art.

Huchen

Hucho hucho, bis 180 cm. Größter
europäischer lachsartiger Fisch. Sein
typisches Biotop ist die Vorgebirgs-
region von Flüssen mit kaltem
Wasser und steinigem, kiesigem und
sandigem Grund. Bevorzugt tiefe
Gruben unter Kaskaden, Schleusen
und Wasserfällen. Lebt in Talsperren
mit kaltem Wasser.

Bachforelle

Salmo trutta, 25-80 cm. Tritt in zwei
Formen auf: Bachforelle (mit charakte-
ristischen roten Flecken entlang der
Seitenlinie ▲) und größere Seeforelle.
Bewohnt Bäche, Flüsse und Seen mit
ausreichendem Sauerstoffgehalt im
Wasser und ausreichender Deckung
zwischen Steinen und Baumwurzeln.
Ernährt sich räuberisch.

Lachs

Salmo salar, 60-160 cm. Zieht in der
Laichzeit vom Meer in die Flüsse.
Dann erscheinen auf Kopf und
Flanken oberhalb der Seitenlinie rote
und orange Flecken, der Bauch wird
rosig. Erwachsene Männchen haben
einen hakenförmigen Unterkiefer ▲.
Nach Paarung und Eiablage sterben
die Fische.

Regenbogenforelle

Salmo gairdneri, 40-80 cm. Stammt
aus Nordamerika und wurde im
19. Jahrhundert in Bächen und Seen
in ganz Europa ausgesetzt. Typisches
Merkmal ist der breite Regenbogen-
streifen an den Flanken ▲, beim
Männchen besonders in der Laichzeit
intensiv gefärbt. Der Unterkiefer ist
beim Männchen leicht hakenförmig.

Seesaibling

Salvelinus alpinus, 15-80 cm. Hat gewöhnlich einen graublauen Rücken,
gelbliche Flanken und einen leicht
orange getönten Bauch. Auf Rücken
und Flanken weißliche oder rötliche
Flecken ▲. Lebt im Norden Eurasiens
und Nordamerikas, als Relikt in Alpen-
seen bis zu einer Höhe von 2100 m ü.
d. M. und in Tiefen von mehr als 20 m.

Bachsaibling

Salvelinus fontinalis, 20-90 cm.
Aus der ursprünglichen Heimat Nordamerika durch den Menschen in andere
Erdteile verbreitet. Die Rückenflosse ▲
hat an der Basis eine wellenförmige
schwärzliche Zeichnung, die weiter
oben in parallele Streifen übergeht.
Bewohnt saubere, kalte Bäche und
Seen.

Äsche

Thymallus thymallus, 30-60 cm.
Schlanker Körper mit kleinem Kopf,
besonders auffällig die große, bunt
gefärbte Rückenflosse ▲.Tritt in langsam fließenden Flüssen auf, in denen
die Strömung an seichten Strom-
schnellen mit tieferem Wasser in
Tümpeln wechselt. Nach ihr ist eine
Fischzone benannt = die Äschenzone.

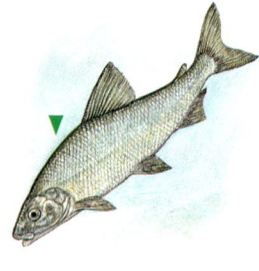

Maräne, Blaufelchen

Coregonus lavaretus maraena, 30-130
cm. Silbriger Körper mit dunklerem
Rücken ▲, an den Kiemendeckeln gold
glänzende Flecken. Ursprünglich nur in
einigen Seen Deutschlands verbreitet,
von wo aus sie in Seen und Teiche
anderer Länder eingesetzt wurde. Empfindlich gegen Verunreinigungen, zu
warmes Wasser und Sauerstoffmangel.

Barsch

Perca fluviatilis, 10-50 cm. Hat an den Seiten 5-9 braune Querstreifen und am Ende der stachligen vorderen Rückenflosse einen schwarzen Fleck ▲. Lebt in fließenden und stehenden Gewässern, sucht darin pflanzenbewachsene Stellen auf. Standortfisch, bewegt sich nur über kurze Entfernungen, ernährt sich räuberisch.

Zander

Stizostedion lucioperca, 40-110 cm. Graugrüner Rücken, an den Seiten 8-12 braunschwarze Querstreifen, häufig in einzelne Flecke zerfallen ▲. Schwarmfisch. Bewohnt vor allem große Gewässer, auch Flüsse, bevorzugt warmes Wasser mit steinigem Grund. Das Männchen hütet das Nest (ein gesäubertes Stück Grund) mit dem Laich.

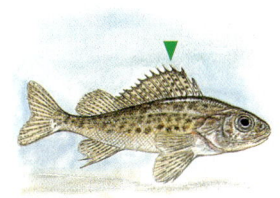

Kaulbarsch

Gymnocephalus cernuus, 10-30 cm. Hat dunkle Flecken auf dem graugrünen Rücken und den Körperseiten, ebenso befinden sich auf der vorderen Rückenflosse entlang der Stacheln 4-6 Reihen braunschwarzer Flecken ▲. Lebt in Schwärmen am Grund stehender Gewässer und der Unterläufe von Flüssen, meidet Wasserpflanzen.

Schrätzer

Gymnocephalus schraetser, 15-30 cm. Auffallend längliches Maul, gelbe Flanken mit 3-4 grauschwarzen bis schwarzen, hin und wieder unterbrochenen Längsstreifen ▲. Lebt gesellig in kleinen Schwärmen in tiefem Wasser mit stärkerer Strömung und festem Grund oder in tiefen Teichen an Bachmündungen.

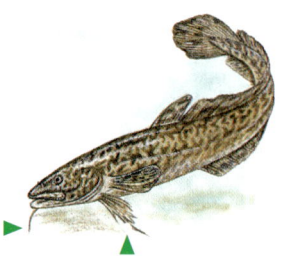

Quappe

Lota lota, 50-180 cm. Einzelner Bartfaden in der Mitte des Kinns ▲. Die Bauchflossen sind vorgeschoben bis vor die Brust ▲, vordere Rücken- und Afterflosse sind sehr lang. Lebt am Grund und in Schlupfwinkeln von Bächen, Flüssen und Teichen. Besonders aktiv in der Nacht oder bei trübem Wasser und bei niedriger Wassertemperatur.

Gründling

Gobio gobio, 10-20 cm. In den Mundwinkeln sitzt je ein Bartfaden ▲, an den Flanken hat er 6-12 große dunkle Flecken in einer Längsreihe ▲. Hält sich in Schwärmen am Grund von Gebirgsströmen und größeren Flüssen, aber auch in stehenden Gewässern auf. Bevorzugt jedoch strömendes Wasser und sandigen Untergrund.

Karpfen

Cyprinus carpio, bis zu 100 cm. Stammt aus dem Schwarzmeer- und Kaspi-Gebiet. Wildform schlank und schuppig, durch Domestizierung wurden die Schuppen reduziert (Spiegelkarpfen ▲ links) oder verschwanden ganz (Lederkarpfen ▲ rechts). Am Maul trägt er 2 Paar Barteln. Wird in Teichen gezüchtet, die Wildform lebt in Flüssen.

Barbe

Barbus barbus, 30-90 cm. Grünlich mit gelblichem Bauch. Walzenförmiger Körper mit hoher Rückenflosse und 2 Paar Barteln ▲. Bewohnt sauerstoffreiche Abschnitte von Gebirgs- und Tieflandflüssen mit schneller Strömung, bevorzugt Stellen mit steinigem oder felsigem Grund. Nach ihr werden diese Teile des Stroms Barbenzonen genannt.

Wels

Silurus glanis, 100-300 cm.
Am Oberkiefer ein Paar lange, am Unterkiefer zwei Paar kurze Bartfäden ▲. Haut schuppenlos, kahl und glatt. Lebt in großen Flüssen, Seen, Teichen und Talsperren, benötigt gegliederten Untergrund und Ufer mit Unterschlupf. Ernährt sich von Fischen. Das Männchen bewacht das Nest mit dem Laich.

Schmerle

Noemacheilus barbatulus, 10-18 cm.
Körper walzenförmig lang gestreckt, meist graugrün marmoriert, Kopf oben abgeflacht. Um das Maul herum 6 Bartfäden ▲. Bevorzugt Fließgewässer, stehende Gewässer nur, wenn das Wasser nicht zu warm wird. Schlechter Schwimmer, verbringt deshalb die meiste Zeit am Grund unter Steinen.

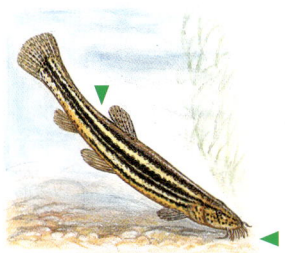

Schlammpeitzger

Misgurnus fossilis, 20-35 cm.
Lang gezogener Körper mit auffälligen Längsstreifen an den Seiten ▲. Um die Maulöffnung herum 10 Barteln ▲. Bewohnt stehende und langsam fließende Gewässer. Hält sich überwiegend am Grund auf, wo er sich in die schlammigen Ablagerungen einwühlt.

Steinbeißer

Cobitis taenia, 6-12 cm.
Dunkle, ovale Flecken auf dem Rücken längs der Flanken ▲. Dunkler Fleck an der Basis der Schwanzflosse ▲. Lebt in stehenden und langsam fließenden Gewässern, wo er sich in den weichen Grund wühlt. Bei Störungen gräbt er sich 2-4 m weiter schnell wieder ein.

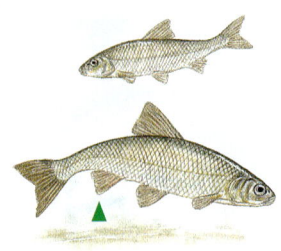

Hasel

Leuciscus leuciscus, 15-25 cm.
Flacher Körper, lang gestreckter Kopf,
graublauer Rücken, silbrige Flanken.
Die paarigen Flossen sind nur schwach
rötlich. Afterflosse gespalten ▲. Zu
finden in saubereren Gebirgs- und Tief-
landströmen. Schwarmfisch, der sich
in mittleren bis tieferen Wasserschichten aufhält.

Döbel

Leuciscus cephalus, 30-80 cm.
Walzenförmiger Körper, Kopf flach und
breit. Bauch- und Afterflosse deutlich
rot, die Afterflosse entweder abgerundet oder gerade ▲. Bewohnt alle
Gewässerarten. Zahlreich dort, wo es
viele Schlupfwinkel gibt. Ernährt sich
von tierischer und pflanzlicher Kost.

Aland

Leuciscus idus, 20-50 cm.
Beim erwachsenen Fisch ist der
Rücken zur Seitenlinie hin dunkel ▲,
unter ihr ist der Körper hell. Alle
Flossen sind rötlich. Lebt gesellig in
Schwärmen am Unterlauf größerer
Flüsse mit tieferem Wasser. Eine
Abart ist die Goldorfe mit gelbrotem
Körper.

Ukelei

Alburnus alburnus, 12-20 cm.
Der Rücken ist grünlich oder bläulich,
die paarigen Flossen sowie die Afterflosse sind gelblich oder rötlich. Hält
sich an tieferen Stellen am Mittel-
oder Unterlauf langsam fließender
größerer Flüsse, in Seen und Talsperren auf. Oberflächenfisch, meidet
bewachsene Stellen.

Rapfen

Aspius aspius, 40-80 cm. Einziger Raubfisch unter den Karpfenartigen. Auf dem längeren Unterkiefer ▲ befindet sich ein in die Vertiefung im Oberkiefer passender Höcker. Usprünglich ein Fisch der unteren und mittleren Abschnitte großer Flüsse, lebt aber auch in Seen und Talsperren. Hält sich im Oberflächenwasser auf.

Plötze

Rutilus rutilus, 15-40 cm. Dunkler Rücken, silbrige Flanken und Bauch. Bauch- und Brustflosse sowie die Augen sind ziegelrot ▲. Bewohnt alle Arten von Gewässern, schwimmt in allen Wasserschichten. Die Eier legt sie einzeln an Wasserpflanzen ab; sie sehen dort wie Perlen aus ▲. Ernährt sich von pflanzlicher und tierischer Kost.

Nase

Chondrostoma nasus, 20-40 cm. Silbrig weiß, Rücken grau mit bläulichem Schimmer, alle Flossen außer der Rückenflosse rötlich. Mit dem hornartigen Maul schabt sie den Algenbewuchs ab. Typisch geselliger Schwarmfisch, der die mittleren und oberen Abschnitte von Flüssen besiedelt, örtlich auch Talsperren.

Rotfeder

Scardinius erythrophthalmus, 20-35 cm. Oberseits blaugrün, Seiten und Bauch silbrig; Schwanz-, After- und Bauchflossen sind rot, die Brustflossen nur leicht rötlich, die Rückenflosse grau. Lebt in kleineren Schwärmen in langsam fließenden und stehenden Gewässern mit Bewuchs von weichen Wasserpflanzen.

Hecht

Esox lucius, 80-150 cm. Rücken- und
Afterflosse sind weit nach hinten
verschoben ▲, der Kopf oben auffallend abgeflacht ▲. Lebt in nicht zu
starker Strömung an zergliederten
Ufern mit reichlich Wasserpflanzen
und Schlupfwinkeln. Hält sich ständig
in seinem Revier auf, jagt nur am
Tage, und zwar vorwiegend Fische.

Aal

Anguilla anguilla, 50-150 cm. Schlangen-
förmiger Körper ohne Bauchflosse.
Rücken-, After- und Schwanzflosse bilden
einen Saum um den Körper ▲. Schlüpft
im Meer, die Larven sind durchsichtig ▲.
Im Süßwasser hält er sich unter Steinen,
Wurzeln und überhängenden Ufern auf.
Dank Hautatmung kann er bis zu 20
Stunden ohne Wasser überleben.

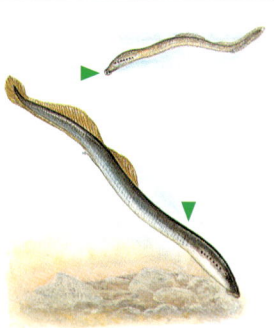

Flussneunauge

Lampetra fluviatilis, 13-20 cm. Gehört
zum Stamm der Rundmäuler. Schlangen-
förmiger Körper und an den Seiten je 7
Paar Kiemenspalten ▲. Im augenlosen
Larvenstadium (Querder ▲) lebt es 4
Jahre in feinen Sandanschwemmungen,
wo es organische Bestandteile aus dem
Wasser filtert. Lebt in Bächen und
Flüssen, stirbt nach Laichablage ab.

Schleie

Tinca tinca, 25-60 cm. Hat kleine, golden
glänzende Schüppchen, alle Flossen sind
abgerundet, mit weichen Strahlen. Das
Männchen jedoch hat dicke Vorder-
strahlen an den Bauchflossen, die bis
zur Afteröffnung reichen ▲. In den
Mundwinkeln sitzt je ein Bartfaden ▲.
Hält sich am Grunde stehender oder
langsam fließender Gewässer auf.

Elritze

Phoxinus phoxinus, 6-12 cm.
Die Männchen sind während der Laichzeit bunt, mit fleckigem, mitunter fast
schwarzem Rücken. Bauch, Basis-
flossen und Lippen sind rot, die Seiten
grün. Schwarmfisch, besonders häufig
in wilden Gebirgsbächen mit steinigem
oder sandigem Grund, seltener in Tief-
landströmen und sauberen Seen.

Bitterling

Rhodeus amarus, 5-8 cm. Silbrig mit
graugrünem Rücken und grünblauem
Seitenstreifen. In der Paarungszeit ist
das Männchen an Flanken und Bauch
rotviolett. Dem Weibchen wächst eine
Legeröhre ▲, durch die es den Laich in
die Kiemenblätter von Teichmuscheln
einbringt. Lebt im Schwarm in stehenden und langsam fließenden Gewässern.

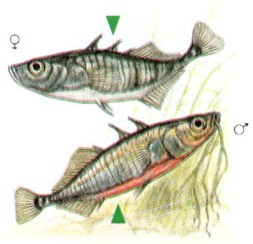

Blei

Abramis brama, 20-70 cm. Auffallend
hoher, seitlich abgeflachter Körper,
kleiner Kopf. Rücken bläulich, Flanken
silbrig, Flossen dunkel. Das Männchen
hat in der Laichzeit einen ausgeprägten
Laichausschlag. Scheuer Schwarmfisch
in langsam fließenden Gewässern.
Ernährt sich von Plankton und
Pflanzenrückständen am Grund.

Großer Stichling

Gasterosteus aculeatus, 4-8 cm. Körper seitlich mit knöchernen Schildchen gepanzert,
vor der Rückenflosse sitzen 3 Dornen ▲.
Das vorher silberfarbene Männchen hat der
Bauch Rot im Hochzeitskleid ▲. Lebt in
langsam fließenden und stehenden Gewässern, das Männchen baut am Grund ein
Nest aus Pflanzenresten, in dem es sich mit
mehreren Weibchen paart.

Alpenplanarie oder Alpenstrudelwurm

Crenobia alpina, 16 mm. Hat 2 Augen und 2 Hörnchen am vorderen Teil des Kopfes ▲. Die Farbe variiert, am häufigsten schiefergrau. Lebt in Quellbrunnen und Bächen mit sauerstoffreichem Wasser. Verträgt nur geringe Schwankungen der Wassertemperatur, optimal sind 6-8 °C (stenotherme Art).

Strudelwurm

Polycelis cornuta, 20 mm. Zu finden unter Steinen in schnell fließenden Bächen und Flüssen, er verträgt jedoch höhere Temperaturen als die Alpenplanarie. Am vorderen Kopfrand hat er 2 auffallende Läppchen und viele kleine Äuglein ▲. Kann braun, grau oder schwarz sein.

Bachplanarie

Dugesia gonocephala, 25 mm. Meist von dunkelbrauner Färbung, am dreieckigen Kopf sitzen 2 Augen ▲. Lebt hauptsächlich am Mittel- und Unterlauf sauberer Flüsse. Ist tolerant gegenüber wechselnden Temperaturen (eurytherm), verträgt eine Temperaturspanne von 0,5-25 °C.

Milchweiße Planarie

Dendrocoelum lacteum, 25 mm. Weiß gefärbt, oft mit durchscheinendem Darmsystem ▲ und kurzen Seitenlappen am Kopf, auf denen 2 Augen sitzen ▲. Die Körperränder sind sichtbar gewellt. Lebt in wärmeren stehenden oder fließenden Gewässern, namentlich unter Steinen und zwischen Pflanzen. Verträgt notfalls auch Brackwasser.

Medizinischer Blutegel

Hirudo medicinalis, 10-12 cm.
Oberseits auf schwarzgrünem Grund
rotgelb oder braun längs gestreift. Vorn
hat er 10 kleine Augen ▲. Im erwachsenen Stadium ernährt er sich ausschließlich von Blut (vor allem von
Säugetieren, den Menschen einge-
schlossen). Kann länger als ein Jahr
ohne Nahrung überleben.

Pferdeegel

Haemopis sanguisuga, 10-15 cm.
Der grau- bis braunschwarze Rücken
hat einen gelb gesäumten Rand ▲.
10 kleine Augen (Pigmentbecherocellen)
am vorderen Teil des Körpers ▲.
Kann aus dem Wasser auch aufs Ufer
hinauskriechen. Lebt räuberisch, frisst
verschiedene Würmer und andere
kleine Tiere.

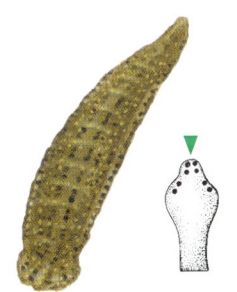

Hundeegel

Erpobdella octoculata, 1-6 cm.
Flach, oberseits auf bräunlichem
oder grünlichem Untergrund gelb
und dunkel getüpfelt, vorn mit 4 Paar
Augen ▲. Häufigster Blutegel,
verträgt auch ziemlich schmutziges
Wasser. Hat keine zahnbesetzten
Kiefer. Ernährt sich hauptsächlich
von Insektenlarven.

Fischegel

Piscicola geometra, 1-6 cm. Erkennbar
am sehr schlanken, walzenförmigen
Körper. Grünlich oder gelblich mit
schwarzen oder braunen Zeichnungen.
Beide Saugnäpfe sind breiter als der
Körperdurchmesser ▲. Schmarotzt an
der Körperoberfläche und den Kiemen
von Fischen. Lauert mit aufgerichtetem
Körper an Wasserpflanzen auf.

Große Teichmuschel

Anodonta cygnea, bis 20 cm.
Die grün- bis dunkelbraunen Schalen
sind breit oval, flach und dünn, ihr
Schloss hat keine Zähne, weil sie nicht
dem Aufprall von Wasserströmung und
rollenden Kieseln widerstehen muss.
Lebt am schlammigen Grund stehender
Gewässer, wo sie bei der Bewegung
eine tiefe Furche gräbt.

Gemeine Malermuschel

Unio pictorum, 6-14 cm.
Gelbgrüne bis gelbbraune, dickwandige,
eiförmige Schalen, die durch ein System
von Zähnen und Leisten, das so genannte Schloss, ineinander greifen.
Die Muscheln sind mehr als doppelt
so lang wie hoch. Ihre Schalen wurden
früher zum Verreiben und Mischen von
Farben benutzt.

Dicke Flussmuschel

Unio crassus, 5-7 cm.
Starkwandige, schwarzbraune bis
schwarze, elliptische bis eiförmige
Schalen. Vorderer und hinterer Rand
sind beinahe gleichmäßig abgerundet ▲.
Die Wirbel der Klappen sehen oft wie
abgenagt aus. Die Perlmuttschicht ist
dick, häufig mit leichtem Stich ins Rosa.

Aufgeblasene
Flussmuschel

Unio tumidus, 7-8 cm.
Die grünbraunen, stark aufgeblähten
Schalen sind am vorderen Ende breit
abgerundet ▲, am hinteren laufen sie
in einer Spitze aus. Am unteren Rand
sind sie ebenfalls rund (damit unterscheiden sie sich von der Malermuschel,
deren unterer Rand gerade ist).

Flussperlmuschel

Margaritifera margaritifera, 8-15 cm. Schwarzbraun bis schwarz, der Wirbel ist immer stark korrodiert ▲. Hat die dicksten Schalen mit starker blauweißer Perlmuttschicht im Innern. Verträgt keinen schlammigen Untergrund und ist empfindlich gegenüber Verunreinigungen. Die Temperatur des Wassers darf 14°C nicht überschreiten.

Dreikantmuschel

Dreissena polymorpha, 2-4 cm. Die lang gezogenen, dreieckigen Schalen sind an festen Gegenständen im Wasser verankert, oft in ganzen Trauben. Graugelb mit braunen Zickzacklinien. Stammt aus den Flüssen des Schwarzmeergebiets, von wo sie durch Schiffe in viele Länder Europas eingeschleppt wurde.

Große Erbsenmuschel

Pisidium amnicum, 8-11 mm. Muschel mit sehr kleinen, verhältnismäßig dickwandigen, stark aufgewölbten Schalen von gelber bis brauner Farbe, deren Oberfläche zentriert, aber unregelmäßig gerieft ist. Bewohnt Flüsse und größere Bäche mit sandigem Grund. Weitere 15 Arten von Erbsenmuscheln sind kleiner als 5 mm.

Gemeine oder hornfarbene Kugelmuschel

Sphaerium corneum, 10-15 mm. Die dünnwandigen Schalen von gelblicher bis bräunlicher Färbung mit konzentrischen Streifen sind stark aufgebläht. Bewohnt die verschiedensten Gewässer, lebt am Grund, aber klettert gut über Wasserpflanzen. Auch sie kümmert sich um die Jungtiere.

Spitzhornschnecke

Lymnaea stagnalis, 4-6 cm. Das spitze Schneckenhaus ist in Form und Farbe unterschiedlich gestaltet und hat etwa 7 sich schnell vergrößernde Windungen. Hell bis dunkelbraun, der Kopf trägt flache, dreieckige Fühler ▲. Muss zum Atmen ab und zu auftauchen und bewegt sich dann umgedreht, mit dem Fuß nach oben am Wasserspiegel.

Ohrschlammschnecke

Lymnaea auricularia, 2-3 cm. Das breite Schneckenhaus bildet nur 4 Windungen, von denen die letzten 3 klein sind und die untere sehr weit. Der Mundsaum des Gehäuses hat eine auffällige Ohrform ▲. Die Gehäusehöhe ist geringer als die Größe der Mündung. Von heller Hornfarbe, der Körper ist grau, dunkel gefleckt. Nirgends häufig.

Gemeine Flussdeckelschnecke

Viviparus viviparus, 3-4 cm. Gehäusewindungen stark gewölbt mit stumpfer Spitze. Dunkle Streifen auf dem Gehäuse ▲. Die ovale Mündung ist verschließbar. Die befruchteten Eier behalten die Tiere in der Mantelhöhle, sodass die Jungtiere bereits gut entwickelt ins Wasser entlassen werden.

Kleine Sumpfschnecke

Galba truncatula, 7-12 mm. Die kleine, bräunlich gefärbte, häufig vorkommende Schnecke lebt in stehenden und langsam fließenden Gewässern, oft auch in Gräben und Sümpfen an Pflanzen. Kann die Wasserumgebung verlassen und bis mehrere Meter vom Wasser entfernt wandern. Zwischenwirt des Großen Leberegels.

Posthornschnecke

Planorbarius corneus, 1-3 cm.
Das Schalengewinde bleibt auf einer
Ebene, 4,5-5 Windungen. Das dickwandige, scheibenförmige Gehäuse
ist gewöhnlich oliv- bis dunkelbraun,
an der Unterseite heller. Ihr Körper ist
fast schwarz, der Kopf klein mit langen,
dünnen Fühlern ▲. Liebt Wasser mit
reicher Vegetation.

Zwergtellerschnecke

Tropidiscus planorbis, bis 17 mm. Die
Windungen des Gehäuses liegen auf
einer Ebene, das Gehäuse selbst ist
jedoch nur etwa 3,5 mm hoch. Hellbraun mit deutlich hervortretendem
Kiel an der Unterseite ▲. Die gekielte
Tellerschnecke *Planorbis carinatus*
trägt den Kiel mitten auf dem Gehäuse-
umfang (links ▲).

Scharfe Tellerschnecke

Anisus vortex, 9-10 mm. Das Gehäuse
ist 1,2-1,4 mm hoch und hat 6,5-7
Windungen, die sich nur allmählich ver-
größern. Scharfer Kiel an der Unterseite
außen ▲. Helle Hornfarbe, der schwarze
Körper ist sehr klein. Das Gehäuse ist
so durchscheinend, dass man mit der
Lupe den Herzschlag und die Lage
innerer Organe beobachten kann.

Flussnapfschnecke

Ancylus fluviatilis, 5-7 mm. Dünn-
wandiges Gehäuse, das an ein Käppchen mit nach hinten zeigender Spitze
erinnert ▲. Auf der Oberfläche strahlen-
förmig angeordnete Rillen. Größe und
Aussehen sehr variabel. In sauberen,
schnell fließenden Gewässern klammert
sie sich an der Oberseite von Steinen
fest. Ernährt sich von Algen.

Wasserspinne

Argyroneta aquatica, 8-15 mm. Einzige
Spinnenart, die im Wasser lebt. Atmet
Luftsauerstoff und streckt deshalb Hinterteil und Hinterbeine aus dem Wasser,
um mit den Härchen eine Luftblase
einzufangen. Diese Vorräte sammelt
sie auch unter einer Glocke aus dichten
Spinnweben ▲, die sie unter Wasser
zwischen Wasserpflanzen baut.

Listspinne

Dolomedes fimbriatus, 11-22 mm.
Hell- bis dunkelbraun, an den Körperseiten zieht sich ein weißliches oder
gelbes Längsband entlang ▲. Jagt
ohne Netz im wassernahen Pflanzen-
bewuchs oder direkt auf dem Wasser.
Sie kann nämlich übers Wasser laufen
und sogar tauchen. Erbeutet selbst
Kaulquappen oder kleine Fische.

Wasserjäger

Pirata piraticus, 5-8 mm. In ihrer
Lebensweise ähnelt sie der Listspinne,
hat aber auf dem Hinterteil paarig angeordnete weiße Flecken ▲. Hinter der
vorderen Reihe von 4 kleinen Augen hat
sie 4 große, in der Form eines gleich-
schenkligen Trapezes angeordnete
Augen (bei den Jagdspinnen ist das
Trapez nach vorn zusammengezogen).

Hypsosinga heri

Kleine, glänzende Kreuzspinne, 3-5 mm.
Brust rotbraun, das Hinterteil des Weibchens hat oberseits 2 braune bis schwarze
Längsstreifen auf gelbem bis leuchtend
rotem Untergrund ▲. Die Beine sind rot
oder braun, der ganze Körper glänzt stark.
Dem Männchen fehlt das Rot. Baut kleine
Netze zwischen Stängeln von Riedgras
oder Schilf.

Edelkrebs

Astacus astacus, 16-25 cm. Besonders starke Scheren. Die Kopfbrust ist mit einem starken Panzer bedeckt, am Ende des Hinterleibs sitzt eine fünfblättrige Flosse ▲. Durch heftiges Einschlagen des Hinterteils mit der Schwanzfächerflosse schwimmt er schnell rückwärts. Auf dem Kopf sitzen ein langes und ein kürzeres Paar Fühler ▲.

Galizischer Sumpfkrebs

Astacus leptodactylus, bis 25 cm. Dem Edelkrebs sehr ähnlich, unterscheidet sich jedoch durch die langen Scheren mit sehr engen Schenkeln ▲. Weniger anspruchsvoll hinsichtlich der Wasserqualität. Sämtliche Krebse sind Nachttiere, den Tag verbringen sie in Schlupfwinkeln unter dem Ufer und in gegrabenen Höhlen. Allesfresser.

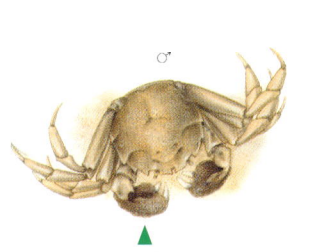

Chinesische Wollhandkrabbe

Eriocheir sinensis, 6-8 cm. Die Scheren des Männchens sind in der unteren Hälfte mit dichten Härchen bedeckt ▲; die Scherenschenkel sind weiß. Nachts geht sie auch am Ufer auf Jagd. Stammt aus China, durch Schiffe nach Europa eingeschleppt. Lebt in Flüssen, vermehrt sich jedoch nur im Meer.

Sommer-Kiemenfuß

Triops cancriformis, bis 10 cm. Breiter, flacher Rückenschild, aus dem nur der schmale Hinterleib mit zwei langen Borsten herausragt (Ansicht von unten). Der Frühjahrs-Rückenschaler *Lepidurus apus* hat am letzten Glied des Hinterleibs zwischen den Borsten eine kleine, schmale Flosse ▲. Bewohnt periodisch austrocknende Tümpel.

Grubes Kiemenfuß

Siphonophanes grubii, 12-28 mm.
Der Körper ist ohne Hülle. Das Hinterteil läuft in gabelförmigen Fortsätzen
aus. Die Komplexaugen sind verhältnismäßig groß. Charakteristisch ist der
unpaarige Mittelvorsprung vor der Ober-
lippe ▲. Schwimmt in Teichen von
Februar bis Mai auf dem Rücken.
Stirbt bei höheren Temperaturen ab.

Branchinecta paludosa

10-22 mm. Lebt in arktischen Seen
und Tümpeln, in Ausnahmefällen
auch südlicher in Hochgebirgsseen
als Überbleibsel der Eiszeit (glaziales
Relikt). Erwachsene Kiemenfüße
tauchen von August bis Oktober auf.
Sind in ständiger Bewegung, wie
die langen, weißen bewimperten
Beinchen ▲.

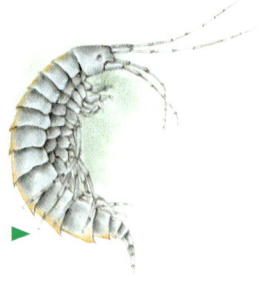

Bachflohkrebs

Gammarus pulex, 12-15 mm.
Der graue, gelbliche oder orange Körper
ist seitlich zusammengedrückt. Lebt in
Fließgewässern, verbirgt sich gern
unter Steinen oder Blättern. Aufgestört
schwimmt er mit Hilfe seiner drei Paar
vorderen Schwimmbeinchen ruckartig
auf der Seite. Verträgt keine Wasserver-
unreinigungen.

Flussflohkrebs

Gammarus roeselii, 12-15 mm. Ähnlich
wie der Bachflohkrebs, doch mit
scharfen Kielen auf den Gliedern des
Hinterteils ▲, die in lange Stacheln
auslaufen und auf der Körperoberseite
eine Art Kamm bilden. An den Seiten
des Hinterteils befinden sich rote
Querstreifen. Ist widerstandsfähiger
gegenüber verunreinigtem Wasser.

Teichläufer

Hydrometra stagnorum, 9-13 mm.
Auffallend schlanke Wanze mit langen
Fühlern und Beinen. Kopf länger als die
Brust ▲. Dank der feinen Bewimperung
der Körperunterseite wird er auf dem
Wasser nicht nass. Ernährt sich von
Kleininsekten, die auf die Wasserober-
fläche fallen. Sticht den Rüssel direkt
in die Beute.

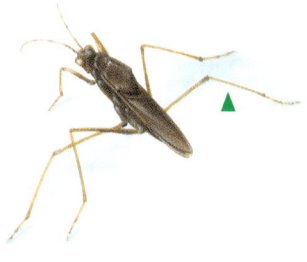

Wasserläufer

Gerris lacustris, 8-10 mm.
Gedrungener als der Teichläufer. Zum
Lauf über die Wasseroberfläche dienen
nur das mittlere und hintere Beinpaar
▲. Sie sind sehr weit ausgestellt und
verteilen so sein Gewicht. Die Ober-
flächenspannung des Wassers trägt ihn
leicht. Fängt seine Beute unter Zuhilfe-
nahme des vorderen Beinpaars.

Bachläufer

Velia caprai, 7-9 mm. Dunkler Körper
mit längeren, massiveren Beinen.
Läuft gut an schattigen Stellen auf
ruhigeren Abschnitten von Fließgewässern, wo er Kleininsekten jagt.
Flügellos. Zeigt sich schon sehr zeitig
im Frühjahr.

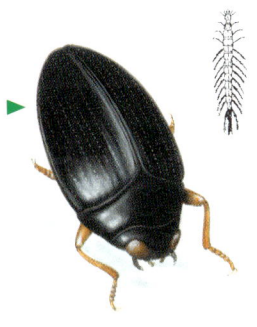

Taumelkäfer

Gyrinus natator, 5-7 mm. Schwarzer,
blau schimmernder Körper, gelbe
Beine. Deckflügel an der Oberseite
getüpfelt und gerillt ▲. Das mittlere
und hintere Beinpaar sind zu kräftigen
Rudern umgeformt. Die Augen
bestehen aus zwei Hälften: Die obere
Hälfte sieht über, die andere unter
Wasser. Die Vignette zeigt die Larve.

Gemeiner Rückenschwimmer

Notonecta glauca, 14-16 mm. Oberseite gelbbraun mit schwarzem Schild, Augen rot. Fängt Insekten, Krustentiere, Fischbrut und Kaulquappen. Bewahrt einen Luftvorrat am Bauch auf und schwimmt deshalb mit dem Bauch nach oben, rudert dabei mit den mächtigen bewimperten Beinen ▲.

Ruderwanze

Corix punctata, 13-15 mm. Ähnelt dem Rückenschwimmer, ist aber schwarz-braun, hat dunkle Augen und schwimmt nicht auf dem Rücken. Speichert Luft-vorräte unter den Deckflügeln, ist des-halb leichter als Wasser und muss sich, wenn sie nicht schwimmt, an Wasser-pflanzen festhalten. Kann direkt aus dem Wasser auffliegen.

Wasserskorpion

Nepa cinerea, 16-22 mm. Oberseits graubraun bis rötlich, die Raub- oder Greifbeine trägt er vor sich ausgestreckt. Hat am Hinterleib ein Atemrohr ▲, mit dem er an der Oberfläche Luft holt. Unbeholfener Schwimmer, hält sich überwiegend am schlammigen Grund seichter, dicht bewachsener Gewässer auf, wo er auf Beute lauert.

Stabwanze

Ranatra linearis, 30-40 mm. Dank ihrer langen, schlanken Körperform mit keiner anderen Wasserwanze zu ver-wechseln. Etwa 2 cm langes Atemrohr am Körperende ▲. Jagt die Beute mit-hilfe von Fangbeinen ▲. Hält sich im dichten Wasserpflanzenbewuchs auf. Gut ausgebildete Flügel, fliegt viel geschickter als der Wasserskorpion.

Schwimmwanze

Ilyocoris cimicoides, 14-16 mm.
Abgeplattete Wanze, die einen Luftvorrat unter den Deckflügeln trägt und
zum Auffüllen dieses Vorrats den
Rücken über die Wasseroberfläche
schiebt. Die Vorderbeine sind Greifwerk-
zeuge ▲, die hinteren Schwimmbeine.
Kann wegen schwacher Muskulatur
trotz entwickelter Flügel nicht fliegen.

Furchenschwimmer

Acilius sulcatus, 15-18 mm.
Das Männchen hat saugnapfartige
Verdickungen auf den Vorderbeinen ▲
und glatte Deckflügel, das Weibchen
gefurchte. Das Halsschild ▲ zeigt eine
typische schwarzgelbe Zeichnung.
Schwimmt ausgezeichnet und fliegt gut.
Legt die Eier außerhalb des Wassers ab,
die Larven entwickeln sich im Wasser.

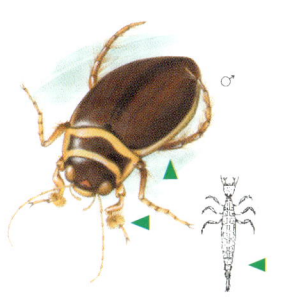

Gelbrandkäfer

Dytiscus marginalis, 27-35 mm. Das
Männchen hat an den Beinen Saugnäpfe
▲, womit es sich bei der Paarung am
Schild des Weibchens festhält. Deckflügel gelb gerandet ▲, beim Männchen
glatt, beim Weibchen mit Längsfurchen.
Die räuberischen Larven ▲ (60 mm)
haben dolchartige Kiefer, leben im
Wasser, verpuppen sich in der Erde.

Breitrandkäfer

Dytiscus latissimus, 35-44 mm.
Größter Schwimmkäfer. Hat einen ver-
breiterten, flachen Deckflügelrand.
Um den schwarzen Körper zieht sich
ein gelber Saum, der jedoch über dem
Deckflügelrand liegt ▲. Männchen und
Weibchen unterscheiden sich auf die
gleiche Weise wie bei der nebenstehenden Art.

Schnellschwimmer

Agabus bipustulatus, etwa 10 mm.
Schwarz, manchmal mit zwei dunkel-
roten Flecken auf dem Scheitel ▲. Der
Lebensraum reicht von Waldquellen über
Bäche, Flüsse und Tümpel bis zu Garten-
teichen und Regentonnen. Schwimmt
an die Oberfläche, streckt das Körperende hinaus und nimmt Luft auf, die in
Bläschen am Hinterteil hängen bleibt.

Gefleckter Schnellschwimmer

Platambus maculatus, 7-9 mm.
Unterschiedlich gefärbt, von fast
schwarz bis gelblich. Die Flügeldecken
zieren ineinander laufende gelbe
Flecken ▲, auf dem Kopf findet sich
zwischen den Augen eine schwarze,
brillenförmige Zeichnung ▲. Bewohnt
Fließgewässer, Gräben und Seen.

Großer Kolbenwasserkäfer

Hydrous piceus, 35-50 mm. Gehört zu
den größten Käfern, ganz schwarz. Zum
Luftholen schwimmt er an die Oberfläche, wo er Kopf und Fühler heraus-
streckt. Lebt in stehenden Gewässern
mit reicher Wasservegetation, in der er
Unterschlupf findet und die ihm als
Nahrungsquelle dient. Larve räuberisch.

Teichschwimmer

Colymbetes fuscus, 15-18 mm.
Hat einen verhältnismäßig schmalen
Körper, die Grundfarbe ist bräunlich
mit gelblichen Zeichnungen. Inmitten
des Schildes prangt ein großer, un-
deutlich abgegrenzter schwarzer
Fleck. Die Beine sind gelbbraun.
Bewohnt stehende Gewässer, häufig
auch austrocknende Teiche.

Cybister lateralimarginalis

30-32 mm. Ähnelt dem Gelbrandkäfer, ist aber breiter und flacher, der Schild ist nur an den Seiten gelb gesäumt . Ist von allen Schwimmkäfern der beste Schwimmer. Die Larven wachsen bis auf 65 mm heran, sie haben ein sehr langes und schmales letztes Glied ohne Fortsatz am Hinterleib.

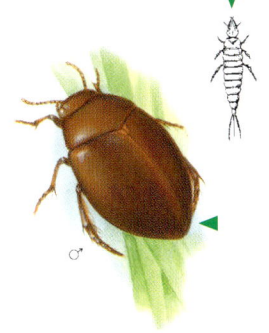

Kugelschwimmer

Hyphydrus ovatus, 4,5-5 mm. Kleiner, runder Körper, die Deckflügel sind rostrot. Das Männchen hat glänzende Flügeldecken , das Weibchen matte. Die Larve hat am Vorderkopf einen langen Auswuchs ▲. Trägt seinen Luftvorrat als Bläschen, das sich an einem kleinen Ausschnitt am Ende der Flügeldecken festhält.

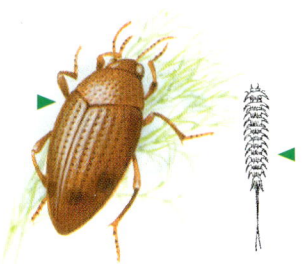

Wassertreter

Haliplus ruficollis, 2-4 mm. Rostroter Schild und dunkle, gefleckte Deckflügel ▲. Hält sich hauptsächlich unter der Wasseroberfläche auf, trägt den Sauerstoffvorrat in einem Bläschen an der Körperunterseite. Käfer und Larven ▲ leben von pflanzlicher Kost, insbesondere Algen.

Zwergschwimmer

Hydroporus palustris, 3,5-4 mm. Gehört ebenfalls zu den sehr kleinen Schwimmkäfern. Schwarz mit gelbem Rand auf dem Schild und gelber Zeichnung auf den Flügeldecken ▲, wo diese Farbe dann und wann auch überwiegt. Einer der am weitesten verbreiteten Wasserkäfer. Lebt auch in Pfützen.

Plattbauch

Libellula depressa, 40-45 mm, Spannweite 70-80 mm. Zu erkennen am breiten, flachen Hinterteil ▲, das bei älteren Männchen blassblau ist, bei Weibchen und frisch geschlüpften Männchen braun bis gelbbraun. Braunes Dreieck an den Flügelwurzeln ▲. Lebt räuberisch, auch die Larve. Die erwachsenen Tiere fliegen von Mai bis August.

Vierfleck

Libellula quadrimaculata, 40-50 mm, Spannweite 70-85 mm. Erhielt ihren Namen nach den vier auffallenden Flecken an den vorderen Rändern beider Flügelpaare ▲. Flügelwurzeln braun, Körper braun bis olivbraun, an den Seiten der Brust graugelb. Eine der häufigsten Libellenarten, fliegt von Mai bis August.

Blutrote Heidelibelle

Sympetrum sanguineum, 35-40 mm, Spannweite 50-60 mm. Leuchtend rot, nur die Weibchen sind oft braun, frisch geschlüpft hell. Bewohnt kleine und kleinste Gewässer, die 15 mm langen Larven entwickeln sich auch in austrocknenden Tümpeln. Erwachsene Exemplare erscheinen von Juni bis Oktober.

Gestreifte Quelljungfer

Cordulegaster bidentatus, 80-86 mm, Spannweite bis 105 mm. Lange, schlanke Libelle mit leuchtend gelben Ringen auf den Hinterleibsgliedern ▲. Der Kopf hinter den Augen ▲, die sich nur in einem Punkt berühren, ist schwarz. Fliegt in der Umgebung kleiner Gewässer, in den Bergen bis auf 1500 m Höhe. Fliegt von Juni bis August.

Gemeine Heidelibelle

Sympetrum vulgatum, 35-40 mm, Spannweite 55-65 mm. Männchen rot, Weibchen olivgrün. Der Vollkerf fliegt bis in den Herbst hinein, von Juni bis Oktober. Die räuberischen Larven leben meist in sumpfigen Gewässern. Wie alle Libellen hat sie eine lange Unterlippe, die so genannte Maske, die dem Ergreifen der Beute dient.

Blaugrüne Mosaikjungfer

Aeshna cyanea, 65-80 mm, Spannweite 95-110 mm. Leuchtend blau und grün an Kopf, Brust und Hinterleib. Fliegt von Juni bis Anfang November, mitunter bis in die Städte. Im Spätherbst legt das Weibchen die Eier an Pflanzen ab, die Larven schlüpfen im Frühjahr.

Herbst-Mosaikjungfer

Aeshna mixta, 60-66 mm, Spannweite 80-85 mm. Männchen mit schwarzem Hinterleib mit blauen Flecken und gelben Tüpfeln, Weibchen bräunlich mit gelbgrünen Flecken. Legt die Eier in abgestorbenen Pflanzenteilen ab, die Larven schlüpfen im April und entwickeln sich im Lauf von 6 bis 8 Wochen. Der Vollkerf fliegt von Juni bis November.

Große Königslibelle

Anax imperator, 70-80 mm, Spannweite 95-110 mm. Männchen mit himmelblauem Hinterleib mit schwarzer Zeichnung, Weibchen mit grünem Hinterleib und brauner Zeichnung. Sehr guter Flieger, auch fern vom Wasser. Die Larve (60 mm), hat auf den letzten Hinterleibsgliedern seitliche Dornen ▲. Ihre Entwicklung dauert 11 Monate.

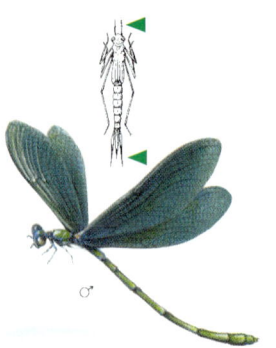

Blauflügel-Prachtlibelle

Calopteryx virgo, 50 mm, Spannweite
70 mm. Männchen mit metallisch blaugrünen, Weibchen mit durchsichtigen
bräunlichen Flügeln. Die Larve hat dreikantige Fortsätze am Hinterleibsende ▲
und das erste Glied der Fühler ist
länger als alle anderen zusammen ▲.
Ihre Entwicklung im Wasser dauert 2
Jahre. Fliegt von Mai bis September.

Gebänderte Prachtlibelle

Calopteryx splendens, Etwa 50 mm,
Spannweite etwa 70 mm. Das Männchen
ist zu erkennen an den breiten blauen bis
blaugrünen Streifen ▲ an beiden Flügel-
paaren. Die Flügel des Weibchens sind
durchscheinend, hell bräunlich bis grünlich. Fliegt langsam und flatternd. Verlässt ihren Standort in Gewässernähe
nicht.

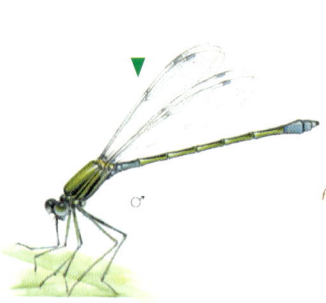

Gemeine Binsenjungfer

Lestes sponsa, etwa 35 mm,
Spannweite 40-45 mm. Das Männchen
ist metallisch grün mit blauer Bänderung
am Anfang und am Ende des Hinterleibs, das Weibchen ist bronzefarben.
Die Flügel sind durchscheinend, wie bei
allen Wasserjungfern im Ruhezustand
halb geschlossen ▲. Lebt gesellig, fliegt
von Juni bis Oktober.

Große Binsenjungfer

Lestes viridis, auch: *Chalcolestes viridis,*
etwa 35 mm, Spannweite etwa 60 mm.
Metallisch grün, die durchsichtigen
Flügel gelblich. Das Weibchen legt die
Eier in die Rinde von Bäumen und
Sträuchern, die am Ufer wachsen. Die
Larven schlüpfen im Frühjahr und
suchen das Wasser auf. Die Vollkerfe
fliegen von August bis Oktober.

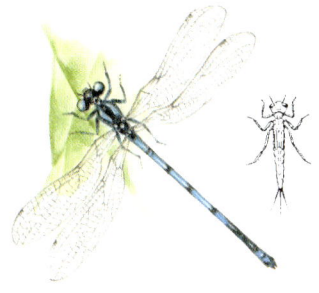

Fledermaus-Azurjungfer

Coenagrion pulchellum, 30-35 mm, Spannweite 45-50 mm. Das Männchen hat auf dem zweiten Hinterleibsring einen großen Fleck. Lebt an stehenden und langsam fließenden, zugewachsenen Gewässern. Fliegt mit ruckartigem Flug von Mai bis September über der Wasseroberfläche.

Hufeisen-Azurjungfer

Coenagrion puella, etwa 35 mm, Spannweite etwa 45 mm. Gehört zu den häufigsten Wasserjungfern. Das Männchen hat am zweiten Hinterleibsring einen großen, hufeisenförmigen Fleck, dessen Öffnung nach vorn zeigt. Die Eischnur legt das Weibchen an Wasserpflanzen ab. Erwachsene Tiere (Vollkerf) fliegen von Mai bis September.

Frühe Adonislibelle

Pyrrhosoma nymphula, etwa 35 mm, Spannweite etwa 45 mm. An der Oberseite satt rot mit schwarzen Flecken, Unterseite gelblich. Kopf und Beine sind schwarz. Im Sitzen haben sie tagsüber die Flügel ausgebreitet, nachts legen sie sie an den Körper. Die Vollkerfe fliegen langsam von April bis August, sitzen oft auf Pflanzen.

Federlibelle

Platycnemis pennipes, 35 mm, Spannweite 45 mm. Männchen blassblau, Weibchen hellgrün oder cremefarben. Die Beinschienen des mittleren und hinteren Beinpaars sind verbreitert und haben lange Dornen. Bei der Eiablage hält sich das Männchen an der Vorderbrust des Weibchens fest. Fliegt von Mai bis September.

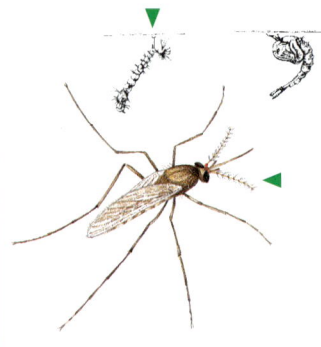

Stechmücke

Culex pipiens, 3,5-6 mm. Das Weibchen hat einen langen Stechrüssel aus sechs Stechborsten, saugt Blut vor allem von Vögeln. Das Männchen hat bewimperte Fühler ▲ und ernährt sich von Nektar. Die Larven leben in stehenden Kleingewässern und atmen mithilfe eines Siphons (Atemröhre) ▲. Die Puppe (rechts) schwimmt frei im Wasser.

Fiebermücke

Anopheles maculipennis, 4-6 mm. Dunkle Flecke auf den Flügeln. Wenn sie sich setzt, steht der Hinterleib von der Unterlage ab ▲, ihre Larve liegt waagerecht unter dem Wasserspiegel ▲ (bei der Stechmücke hängt die Larve von der Wasseroberfläche schräg nach unten). Überträger der Malaria, daher auch Malariamücke genannt.

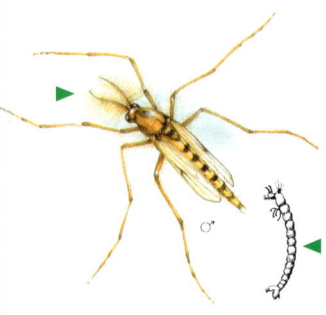

Zuckmücke

Chironomus plumosus, 9-12 mm. Die Männchen fallen durch ihre langen, dicht bewimperten Fühler auf ▲. Das verlängerte vordere Beinpaar fungiert als zusätzliche Fühler. Die rote Larve ▲ ist 25 mm lang und lebt im Schlamm. Fliegt am späten Nachmittag in wirbelnden Schwärmen in Wassernähe. Greift den Menschen nicht an.

Riesenschnake

Tipula maxima, 27-40 mm. Fällt durch ihre Größe auf, ist jedoch unschädlich. Hellbraun mit grauer Zeichnung. Die sehr langen Beine brechen leicht ab, die Mundwerkzeuge sind verkümmert. Trägt die Flügel schräg nach hinten ▲. Das Weibchen legt die Eier in feuchten Boden.

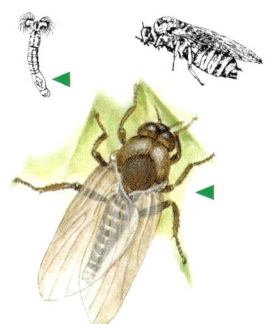

Kriebelmücke (Gnitze)

Simulium ornatum, 2-2,5 mm.
Kleine Fliege mit breitem, nach vorn
geneigtem Kopf, hat auf der stark ge-
wölbten Brust 2 silbrige, hufeisenförmige
Flecken ▲. Kurzer, kräftiger Rüssel, mit
dem das Weibchen fühlbar zusticht.
Larven ▲ und Puppen heften sich an
Steine und Wasserpflanzen in sauberen,
schnell fließenden Gewässern.

Regenbremse

Haematopota pluvialis, 8-12 mm.
Grau mit dunklen Längsstreifen auf der
Brust ▲. Bunte Augen mit schillernden
hellen und dunklen Streifen. Beim
Männchen berühren sich die Augen-
ränder, beim Weibchen sind die Augen
getrennt ▲. Die Weibchen stechen
schmerzhaft und saugen Blut. Die
Larven leben im Schlamm.

Goldaugenbremse

Chrysops caecutiens, 7,5-11 mm.
Auf dem zweiten Hinterleibsring trägt
sie einen umgekehrt v-förmigen Fleck
▲. Die Weibchen saugen das Blut
warmblütiger Wirbeltiere, auch von
Menschen. Sie umkreisen zunächst
das Opfer in einigen Flugrunden,
attackieren es dann und stechen sehr
schmerzhaft zu. Lebt am Wasser.

Gemeine Rinderbremse

Tabanus bovinus, 19-24 mm. Robuste,
schnell fliegende Bremse mit weißlichen
und schwarzen Dreiecken auf dem
Hinterleib ▲. Summt laut beim Fliegen.
Das Weibchen ernährt sich von Säuge-
tierblut und greift Rinder und Pferde,
aber auch Menschen an. Die Männchen
saugen Pflanzensäfte. Die räuberischen
Larven leben im Schlamm.

Wasserflorfliege

Sialis lutaria, 25 mm, Spannweite
25-35 mm. Graubraune Flügel mit dichtem Adergeflecht, in Ruhestellung dachförmig über dem Hinterleib zusammengelegt ▲. Lange, fadenförmige Fühler,
weicher Hinterleib. Die Vollinsekten
fliegen wenig. Die Larve lebt am
Gewässergrund, ihre Entwicklung
dauert 2 Jahre. Verpuppt sich am Ufer.

Große Teichköcherfliege

Phryganea grandis, 15-21 mm, Spannweite 40-60 mm. Die Vorderflügel sind
bräunlich mit dunkler Zeichnung, die
Hinterflügel durchsichtig ▲. Fliegt unbe-
holfen in Wassernähe. Die räuberischen
Larven mit gelb und schwarz gestreiftem
Kopf sind 30-40 mm lang und leben in
spiralförmig zusammengesetzten Röhren
▲ aus Wasserpflanzenteilen.

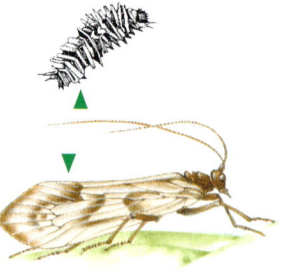

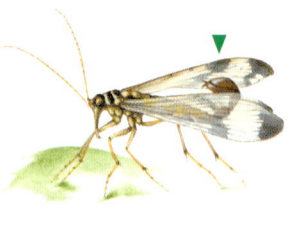

Köcherfliege

Limnophilus rhombicus, 10-17 mm,
Spannweite bis 45 mm. Die schmalen
Vorflügel sind mit zwei hellen Flecken
geschmückt, die hinteren sind breit und
durchsichtig ▲. Bei allen Köcherfliegen
sind die Flügel dachförmig über dem
Körper gefaltet. Die Larven leben in
Gewässern und Torfmooren und bauen
Köcher aus Pflanzenresten ▲.

Gemeine Skorpionsfliege

Panorpa communis, 20-25 mm, Spannweite 25-30 mm. Beide Flügelpaare
schmal und etwa gleich lang, die braunen
Flecken darauf bilden Querbänder ▲.
Die Männchen haben am Ende des
Hinterleibs braune, zangenförmige Fortsätze. Hält sich im Bewuchs um die
Gewässer herum auf, die Larven leben im
feuchten Boden. Ernährt sich räuberisch.

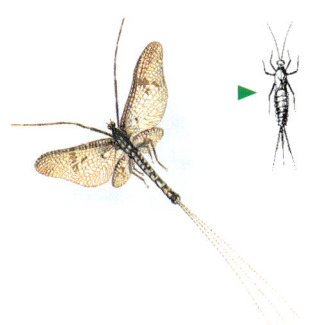

Gemeine Eintagsfliege

Ephemera vulgata, 14-22 mm.
Flügel bräunlich mit dunklen Flecken, die vorderen größer als die hinteren. Der Hinterleib trägt 3 Borsten, die den Körper überragen ▲ und in Ruheposition leicht erhoben sind. Den größten Teil ihres Lebens (2 Jahre) verbringt sie im Wasser als räuberische Larve ▲. Stirbt nach der Paarung ab.

Zweiflüglige Eintagsfliege

Cloëon dipterum, 6-8 mm. 2 Borsten am Hinterleibsende ▲, beim Männchen 13-17 mm lang, bei den Weibchen nur 8-10 mm. Ein Paar helle, durchscheinende Flügel. Die Männchen tanzen in dichten Schwärmen, fangen die Weibchen und paaren sich mit ihnen im Flug. Die Larven leben im Wasser.

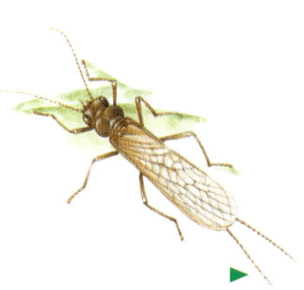

Steinfliege

Perla marginata, 15-25 mm.
Unterscheidet sich von anderen Arten durch einen dreieckigen schwarzen Fleck zwischen den Augen. Am Körperende sitzen 2 Borsten ▲, auch bei den Larven, die sauberes, sauerstoffreiches, strömendes Wasser benötigen. Die Vollinsekten fliegen zahlreich in der Nähe von Bächen und Flüssen.

Rauten-Uferbold

Isoperla grammatica, 11-15 mm.
Auffällige, gelbgrün gefärbte Steinfliege mit langen, fleckenlosen Flügeln ▲, an der Spitze mit einem feinen Netz von Äderchen. Bei Steinfliegen ist das vordere Flügelpaar länger und schmaler, das hintere breiter und kürzer. In Ruhe sind die Flügel flach über dem Hinterleib zusammengelegt.

Kleiner Pappelbock

Saperda populnea, 9-15 mm.
Deckflügel dunkel, dicht getüpfelt und
hinten abgerundet. Sie sind mit gelbbraunem Flaum bedeckt, der sie fleckig
aussehen lässt. Lebt im Uferbewuchs
von Flüssen und Bächen, aber auch in
Auwäldern, wo die Larven Gänge in die
jungen Stämme von Weiden, Espen
und Pappeln fressen.

Moschusbock

Aromia moschata, 13-34 mm. Metallisch
glänzender, blau, blaugrün bis purpurrot
gefärbter schlanker Käfer. Lebt in Auwäldern und in der mit Weiden, Erlen und
Pappeln durchsetzten Ufervegetation
von Bächen und Flüssen. Die beliebteste
Wirtspflanze seiner Larven ist die Weide.
Den Namen erhielt er nach seinem
moschusartigen Geruch.

Rothalsiger Weidenbock

Oberea oculata, 15-21 mm. Erkennbar
am orangefarbenen Schild mit 2 schwarzen Flecken und den grauen, schwarz
getüpfelten Deckflügeln ▲. Die Larven
beißen Gänge unter der Rinde junger
Weiden- und Salweidenzweige. Die
Fühler der Bockkäfer sind ungefähr so
lang wie der Körper, die Ränder der
Deckflügel verlaufen fast parallel.

Schilfkäfer

Donacia semicuprea, 5-9 mm.
Ähnelt den Bockkäfern. Hat einen grün-
lichen, bläulichen oder kupferfarbenen
Schimmer. Bewohnt die Uferzonen von
Seen und Teichen, die Weibchen legen
die Eier an unter Wasser liegende Teile
von Teichrosen, Seerosen, Schilfrohr
u.Ä. ab, die Larven leben im Wasser
und ernähren sich von Pflanzen.

Pappelblattkäfer

Melasoma populi, 10-12 mm. Großer Blattkäfer, leicht zu erkennen am schwarz-grünen bis schwarzblauen Schild und den roten Flügeldecken ▲. Die Weibchen legen ihre Eier an die Unterseite der Blätter von Pappeln, Espen und Weiden, die dann von den Larven und den Voll-insekten so abgeweidet werden, dass ein Kahlfraß entstehen kann.

Erlenblattkäfer

Agelastica alni, 6-7 mm. Violett und blau gefärbter Blattkäfer, der in großer Zahl an den Blättern von Erlen, Weiden und Birken auftritt, an denen sich auch die Larven entwickeln. Oft sind die Blätter von den Käfern und den schwar-zen, zottigen Larven skelettiert. Die Vollkerfe überwintern und zeigen sich schon im zeitigen Frühjahr.

Vierpunkt-Ameisenblattkäfer

Clytra laeviscula, 7-11 mm. Schild schwarzviolett, große schwarze Flecken an der Hinterseite auf den Deckflügeln ▲ verbinden sich mitunter zu einem Querstreifen, bei selteneren Exemplaren bleiben sie getrennt in zwei selbstständige Teile. Bewohnt Weiden am Ufer stehender und fließender Gewässer.

Korbweiden-Blattkäfer

Phytodecta viminalis, 5,5-7 mm. Die Flügeldecken sind auf rotorange Untergrund mit einer Fülle dunkler Flecken bedeckt ▲, die in ihrer Gestalt sehr variabel sind. Tritt im gewässer-begleitenden Grün auf, in den Sommer-monaten häufig auf Weiden.

Seerosenzünsler

Nymphula nymphaeata, bis 16 mm.
Auf den weißlichen Flügeln ist eine
hellbraune Zeichnung zu sehen. Sitzt
kopfunter an der Ufervegetation. Die
befruchteten Weibchen landen auf
dem Wasserspiegel und legen die
Eier an der Rückseite von Seerosen-
und Knöterichblättern ab, in die sich
die geschlüpften Raupen einbohren.

Paraponyx stratiotata

20-23 mm, gehört zur Familie der
Zünsler. Das Männchen ist weißlich
mit bräunlicher Zeichnung, das Weibchen hat braune, dunkel gefleckte
Vorflügel, die hinteren Flügel sind heller
und das Hinterteil ist breiter. Während
die Raupen anderer Wasserzünsler mit
der Körperoberfläche atmen, atmen die
Raupen dieser Art mit Kiemen.

Rotes Ordensband

Catocala nupta, 65-75 mm. Die größeren
Vorflügel sind grau mit gelblicher Zeichnung und groben Schuppen, die kleineren Hinterflügel rot mit zwei schwarzen
Bändern ▲, die Ränder aller Flügel sind
fein gekerbt. Lebt auf Bäumen und im
Gebüsch in Wassernähe, aber auch fern
vom Wasser; die Raupen fressen auf
Weiden und Pappeln.

Großer Eisvogel

Limenitis populi, 65-80 mm. Einer der
schönsten Schmetterlinge. Die Flügel-
ränder sind von einer Reihe mondför-
miger orangefarbener Flecken und
blauer Streifen gesäumt ▲. Die Raupe
ist grün, lebt auf Espen und Pappeln,
wo sie in einem eingerollten Blatt
überwintert. Fliegt an schattigen
Wasserläufen, Waldrändern und Wegen.

Schwarzerle

Alnus glutinosa, 20-30 m. Junge Zweige und Blätter sind klebrig. Blätter an der Spitze ausgeschnitten ▲, mit 5-8 Paar größeren Nerven. Borke schwarzgrau und rissig. Die männlichen Kätzchen sind bis zu 3 cm lang, die weiblichen sind gestielt und 1-1,5 cm lang. Blüht von März bis April. Die Zapfenfrucht ▲ bleibt über Winter am Baum.

Grauerle

Alnus incana, 10-20 m. Baum oder Strauch mit glatter, grauer Rinde, die jungen Zweige sind grau filzig. Spitze, deutlich gezähnte, oberseits graugrüne, unterseits grauweiße Blätter ▲ mit 7-12 Paar Nerven. Die weiblichen Kätzchen sind aufsitzend, ohne Stiele. Blüht von März bis April.

Grünerle

Alnus viridis, 2-4 m. Von strauch-förmigem Wuchs mit aufsitzenden, spitzen Knospen, die Blätter sind beiderseitig grün ▲. Ersetzt im sub-alpinen Bereich mitunter komplett die Latschenkiefer. Bei allen Erlen bleiben die Zapfen den Winter über am Baum und das Holz ist beim Anschnitt orangegelb. Blüht von April bis Mai.

Zitterpappel (Espe)

Populus tremula, 20-35 m. Borke anfangs gelblich grau mit zahlreichen Lentizellen (warzenförmigen Öffnungen in der Rinde), später schwarzgrau, rissig. Die Knospen sind klebrig, die Blätter rund. Der Blattstiel ist ebenso lang wie die Blätter und abgeflacht ▲. Die Blätter erzittern schon bei leichtem Wind. Blüht von März bis April.

Silberpappel

Populus alba, 30-40 m. Ausladende Krone und weißgraue Borke, an alten Bäumen rau. Die diesjährigen Zweige, Knospen und Blätter sind nach dem Austrieb beiderseits, später nur an der Unterseite weiß filzig ▲. Die Blätter sind dreieckig und in 3 bis 5 größere Lappen gegliedert. Blüht von März bis April.

Schwarzpappel

Populus nigra, 30-40 m. Schwarzgraue, tief rissige Rinde. Klebrige Knospen. Die Blätter sind dreieckig wie bei der Silberpappel, haben jedoch eine lang gezogene Spitze, alle sind nach dem Austreiben rötlich grün, früh glänzend dunkelgrün. Die Italica-Form ▲ hat einen säulenförmigen Wuchs. Blüht von März bis April.

Salweide

Salix caprea, 5-12 m. Baum oder Strauch mit an der Spitze häufig eingebogenen Blättern ▲, obenauf runzlig und mattgrün, unten graugrün filzig. Die jungen Zweige sind zunächst grau behaart, später rotbraun. Die Kätzchen ▲ sitzen fast auf und blühen im Frühling vor der Begrünung des Baumes, schon im März/April.

Bruchweide

Salix fragilis, bis 15 m. Busch- oder Baumweide mit gelblichen bis bräunlichen, zerbrechlichen Zweigen, die schon beim geringsten Druck abbrechen. Die Blätter sind länglich zugespitzt, an den Rändern grob gesägt, meist in der unteren Hälfte am breitesten ▲. Blüht von April bis Mai.

Grauweide

Salix cinerea 2-6 m. Bildet große, kuppelförmige Sträucher, die oben abgeflacht sind ▲. Die Blätter haben eine schmale bis eiförmige Gestalt, an den Rändern leicht aufgebogen, und 2 große, bohnenförmig geschwungene Nebenblätter ▲. An der Unterseite sind sie grau filzig, mit ausgeprägter Nervatur ▲. Blüht von März bis April.

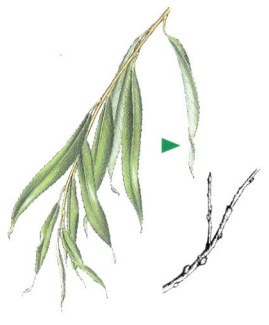

Silberweide

Salix alba, bis 30 m. Biegsame, unzerbrechliche junge Zweige. Die Blätter sind lang und an den Rändern fein gesägt, in der Mitte am breitesten. An der Unterseite sind sie mit langen, seidigen Härchen bedeckt, deshalb glänzen sie silbrig ▲. Durch regelmäßigen Rückschnitt entsteht die bekannte Kopfweide. Blüht von April bis Mai.

Purpurweide

Salix purpurea, 1-6 m. Strauch oder Baum mit schlankem Stamm und dünnen, gelbbraunen bis purpurroten Zweigen. Auch die Kätzchen sind anfangs purpurrot. Blätter schlank, lanzettlich, am breitesten im oberen Drittel, nur an der Spitze fein gesägt, mit gelben, beiderseits hervortretenden Rippen ▲. Blüht von März bis April.

Netzweide

Salix reticulata, 10-30 cm. Der niedrige Strauch kriecht mit kleinen, zerbrechlichen Zweigen über den Boden. Blätter rund und stumpf mit ausgeprägter, netzartiger Nervatur ▲, unterseits filzig behaart. Die Kätzchen wachsen aufrecht an den Zweigspitzen. Zeigerpflanze für Kalk. Blüht von Juni bis August.

Sumpfcalla

Calla palustris, 15-50 cm. Aus dem hohlen, kriechenden Wurzelstock wachsen lange, gestielt herzförmige, lederartige, glänzend grüne Blätter. Aus einem blattlosen Stängel wächst ein weißes Hüllblatt mit kurzem eiförmigem Kolben dicht gehäufter kleiner Blüten ▲. Die Beerenfrüchte sind rot ▲. Blüht von Mai bis August. Giftig!

Weiße Seerose

Nymphaea alba, bis 2,5 m, je nach Wassertiefe. Die langen, gestielten Blätter sind groß, rund, an der Basis tief ausgeschnitten ▲ und schwimmen an der Oberfläche. Blüten weiß mit gelben Blütennarben. Sie duften angenehm, sind etwa von 7 bis 16 Uhr geöffnet. Wird von Fliegen und Käfern bestäubt. Giftig! Blüht von Mai bis August.

Krebsschere

Stratiotes aloides, 20-40 cm. Wärmeliebend. Aus einem kurzen Stängel, der im Schlamm verwurzelt ist, wächst ein Büschel harter, schwertförmiger, seitlich und am Kiel scharf gezähnter Blätter ▲. An kurzen Stielen wachsen nur 1-2 weiße Blüten. Vermehrt sich oftmals auch vegetativ durch seitliche Ableger. Blüht von Juni bis August.

Pfeilkraut

Sagittaria sagittifolia, 30-130 cm. Die Tauchblätter sind länglich, über dem Wasser erscheinen an langen Stielen die typisch pfeilförmigen Blätter ▲. Der Blütenstand am dreikantigen Stängel hat oben männliche, unten weibliche Blüten. Die weißen Kronblätter sind an der Basis rötlich bis violett. Blüht von Juni bis August.

Froschbiss

Hydrocharis morsus-ranae, 15-30 cm.
Aus dem kurzen Wurzelstock wachsen
die auf der Oberfläche schwimmenden
Rosetten lederiger, tief eingeschnittener
Blätter ▲. Die Blüten sind dreiblättrig,
die männlichen mit großer weißer
Krone wachsen zu dritt, die weiblichen
einzeln. Vermehrt sich auch vegetativ.
Blüht von Mai bis August.

Gemeiner Froschlöffel

Alisma plantago-aquatica, 10-100 cm.
Die über den Wasserspiegel ragenden
Blätter sind lang gestielt und breit ei-
förmig ▲, an der Basis schmaler wer-
dend, die Tauchblätter sind insgesamt
schmaler. Die weißen bis rosigen
Blüten bilden eine pyramidenförmige
Rispe. Die Blütenblätter fallen bald ab.
Blüht von Juni bis Oktober.

Gras-Froschlöffel

Alisma gramineum, 10-80 cm. Dem
gemeinen Froschlöffel sehr ähnlich,
jedoch weniger verbreitet. Aus dem
walzenförmig verdickten Wurzelstock
wachsen lanzettliche Blätter ▲, die
Tauchblätter sind schmal und lang,
linealisch. Blüht von Juni bis August.

Sumpflabkraut

Galium palustre, 15-40 cm. Der Stängel
ist rau, mit rückwärts gewandten
Härchen ▲. Die Blätter sind länglich
linealisch, vorn abgerundet und zu viert
im Quirl angeordnet. Der Blütenstock
ist eine ausladende Rispe, die kleinen
Einzelblüten sind weiß mit roten Staubgefäßen. Blüht von Mai bis September.

77

Haarblättriger Wasserhahnenfuß

Ranunculus trichophyllum, 10-50 cm. Blätter aufsitzend oder kurz gestielt, fadenartig. Schwimmblätter dreiteilig, unter Wasser mehrfach dreiblättrig in schmale Zipfel geteilt ▲. Die kleinen weißen Blüten haben einen Durchmesser von nur 0,5-1 cm. Blüht von Mai bis Juli.

Flutender Hahnenfuß

Ranunculus fluitans, 1-6 m. Die fadenartigen Tauchblätter sind gestielt ▲, 7-15 cm lang und fluten parallel im Wasser. Außerhalb des Wassers rollen sich die Zipfel an den Enden zu Pinselchen zusammen. Schwimmblätter fehlen meist. Die Einzelblüten sind lang gestielt und messen 1-2 cm. Blüht von Juni bis August.

Gewöhnlicher Wasserhahnenfuß

Ranunculus aquatile, 10-50 cm. Blätter unter Wasser sind fadenartig geteilt ▲, die schwimmenden herzförmig bis nierenförmig, in 3-5 Lappen gespalten ▲. Die weißen Blüten sind lang gestielt, wachsen einzeln und sind 2-2,5 cm groß. Blüht von Juni bis August.

Kanadische Wasserpest

Elodea canadensis, 1-3 m. Aus Nordamerika nach Europa eingeschleppt. Zweihäusige Pflanze, in Europa wachsen jedoch fast ausschließlich weibliche Pflanzen, weshalb sie sich vegetativ vermehrt. Wächst unter Wasser, die kleinen Blätter stehen in dichten Quirlen. Die Blüten ▲ erscheinen von Mai bis August über dem Wasserspiegel.

Brunnenkresse

Nasturtium officinale, 15-50 cm. Der Stiel ist hohl, im unteren Teil wachsen kleine Wurzeln aus den Blattachseln. Die unteren Blätter sind dreizählig, die oberen unpaarig gefiedert. Die Einzelblätter sind eiförmig, die Abschlussblätter haben meist einen herzförmigen Grund. Die Blüten bilden von Mai bis September weiße Trauben ▲.

Uferwolfstrapp

Lycopus europaeus, 20-100 cm. Der Stängel ist einfach oder verzweigt, die Blätter sind kreuzständig, die oberen grob gekerbt ▲. Die Blüten sind klein, weiß, innen rot getüpfelt, sie sitzen in dichten Quirlen in den Blattachseln ▲. Wächst im Schilfgürtel an stehenden oder fließenden Gewässern. Blüht von Juli bis August.

Wassernuss

Trapa natans, 1-2 m. Am Stängel wachsen unten paarweise gegenständig grünliche, fadenförmige Wurzeln ▲, oben Rosetten von rautenförmigen Blättern. Die Stiele sind in der Mitte aufgebläht. Die weißen, lang gestielten Blüten erscheinen von Juni bis September über dem Wasserspiegel. Die Frucht ist eine Nuss mit verholztem Kelch ▲.

Wasserprimel

Hottonia palustris, 20-60 cm. Feine, federspaltig in linealische Abschnitte geteilte Blätter ▲. Die kleinen weißen bis rosa Blüten ragen in Trauben über den Wasserspiegel. In der Blütezeit (Mai/Juni) löst sich die ganze Pflanze vom Grund und schwimmt durchs Wasser, nach einer Weile greifen die Wurzeln wieder.

Wasserfenchel

Phellandrium aquaticum, 50-150 cm.
Der hohle Stängel teilt sich gabelförmig, die gestielten Blätter sind zwei-
bis dreifach gefiedert. Die Blattab-
schnitte sind eiförmig lanzettlich, bei
den Tauchblättern fadenförmig. Die
kleinen weißen Blüten (Juni bis August)
sind in flachen Dolden angeordnet ▲.
Wächst im Schilf oder Riedgras.

Fieberklee, Bitterklee

Menyanthes trifoliata, 15-30 cm.
Die dreizähligen Blätter ▲ wachsen
direkt aus dem langen, kriechenden
Wurzelstock heraus. Weiße oder
rötliche Blüten stehen von Mai bis
Juni in dichten Trauben, die Krone ist
etwa zur Hälfte in fransige Zipfel
geteilt. Die Staubbeutel der Pollen-
schläuche sind violett. Giftig!

Sumpfhaarstrang

Peucedanum palustre, 40-120 cm.
Wächst in Schilfgebieten an langsam
fließenden und stehenden Gewässern.
Die Stängel sind hohl, gerillt, weiß
milchend. Die Blätter sind federspaltig,
die kleinen weißen, selten rötlichen
Blüten stehen in Dolden ▲. Blüht von
Juli bis August.

Quellkraut

Montia fontana, 20-100 cm. Bildet
niedrige Büschel oder im Wasser
treibende, reich verzweigte Stängel.
Die fleischigen Blätter sind linealisch
lanzettlich und messen etwa 2 cm. Die
Blüten sind lang gestielt, nur 3-4 mm
groß und wachsen in schütteren Dolden
oder einzeln in den Blattachseln ▲.
Blüht von Mai bis September.

Gelbe Teichrose, Mummel

Nuphar lutea, bis 2,5 m. Die schwimmenden Blätter ▲ haben lange Stängel, sie sind eiförmig, an der Basis herzförmig ausgeschnitten, ledrig zäh. Tauchblätter heller, brüchig und gewellt. Die gelben Blüten mit einem Durchmesser von 4-6 cm tauchen von Juni bis August aus dem Wasser auf. Giftig!

Kleine Teichrose

Nuphar pumila, bis 2,5 m, je nach Wassertiefe. Hat viel kleinere Blätter, nur 4-12 cm lang (die große Mummel 12-30 cm). Die Blüte hat ebenso wie bei der vorhergehenden Art 5 große gelbe Kelchblätter und hinter ihnen mehrere gelbe Kronblätter. Duftet nur geringfügig und misst nur 1-3 cm ▲. Blüht von Juni bis August.

Sumpfschwertlilie

Iris pseudacorus, 50-100 cm. Aus dem kräftigen Wurzelstock wachsen zweireihig lange, schwertförmige Blätter. Die großen gelben Blüten haben 3 äußere Platten ohne den für andere Schwertlilien üblichen Nagel, innen sind sie dunkel gefleckt ▲. Die drei inneren Platten sind kleiner, aufrecht. Giftig! Blüht von Mai bis Juli.

Seekanne

Nymphoides peltata, bis 1m. Gegliederter Wurzelstock. Die an der Wasseroberfläche schwimmenden Blätter sind lederartig, rund ▲, an der Basis herzförmig ausgeschnitten, an der Unterseite drüsenartig getüpfelt. Die gelben Blüten an langen Stielen messen im Durchmesser 3-4 cm. Blüht von Juli bis September.

Sumpfdotterblume

Caltha palustris, 15-50 cm.
Die Blätter sind herzförmig gerundet
bis nierenförmig, glänzend, die unteren
lang gestielt, die oberen sitzend ▲.
Der Stängel ist hohl, kriechend bis
aufsteigend. Die Blüten glänzen fettig,
bestehen aus nur 5 großen, gelben
Kelchblättern. Giftig! Blüht von Februar
bis Juni.

Gemeiner Wasserschlauch

Utricularia vulgaris, 15-30 cm. Fleisch
fressende wurzellose Schwimmpflanze
mit fadenförmigen Blättern. An ihnen
sitzen zahlreiche Bläschen ▲, die die
Pflanze vor der Blüte (Juni bis August)
an die Oberfläche heben. Die Bläschen
dienen dem Fang von Insekten. Die lang
gestielten Blüten bilden sich nur selten.

Sumpf-Wolfsmilch

Euphorbia palustris, 90-130 cm.
Stängel dick ▲, hohl, bläulich bereift.
Blätter wechselständig, lanzettlich,
sitzend, fast glattrandig und kahl. Die
Pflanze milcht. Die Blüten sind dolden-
förmig zusammengesetzt. Die Drüsen
im Blütenstand sind hellgelb, später
bräunlich. Wächst im Schilfgürtel an
Gewässern. Blüht von Mai bis Juni.

Wasser-Sumpfkresse

Rorippa amphibia, 20-100 cm.
Krautige Pflanze mit dickem, hohlem,
geriefterem Stängel. Die unteren Blätter
sind kurz gestielt, lappig geteilt, die
oberen sitzend, lanzettlich, glattrandig
oder gekerbt ▲. Der Blütenstand ist
traubenförmig, die gelben Blütenplatten
sind sichtbar länger als der Kelch. Blüht
von Mai bis August.

Vierflügeliges Johanniskraut

Hypericum tetrapterum, 30-60 cm. Gerader, vierkantiger Stängel, Blätter gegenständig eiförmig bis breit elliptisch, zart durchscheinend getüpfelt. Blüht von Juli bis September in Form einer Dolden-traube, Kelch- und Kronblätter sind dunkel getüpfelt. Wächst im Schilf an stehenden und mäßig fließenden Gewässern.

Gemeiner Gilbweiderich

Lysimachia vulgaris, 60-130 cm. Der Stängel ist gerade, leicht kantig, die spitz eiförmigen Blätter sind gegen-ständig oder in Quirlen angeordnet und sparsam rötlich getüpfelt. Blüten in trugdoldenartigen, unten beblätterten Rispen. Die Krone ist goldgelb, der Kelch rot gesäumt. Blüht von Juni bis August.

Ästiger Igelkolben

Sparganium erectum, 30-60 cm. Gerade, lange, gekielte Blätter ▲, unten dreikantig zulaufend. Die Blüten sitzen am Haupt-stängel und dessen Verzweigungen in kugelförmigen Rispen ▲. Oben sitzen die männlichen Köpfchen, unten die weiblichen. Die Köpfchen der Frucht-stände sind stachelig ▲. Wird vom Wind bestäubt. Blüht von Juni bis September.

Einfacher Igelkolben

Sparganium simplex, 20-60 cm. Stängel einfach, ungeteilt. Die Blätter sind gerade und nur 3-6 mm breit (beim ästigen Igelkolben 3-15 mm breit). Untere Blätter an der Basis mit reicher, gerader Nervatur. Das männ-liche Köpfchen hat einen Durchmesser von bis zu 8, das weibliche 2-5 mm. Blüht von Juni bis Juli.

Schwanenblume

Butomus umbellatus, 50-150 cm.
Aus dem waagerechten Wurzelstock
wachsen in einer Reihe gerade, zähe,
dreikantige Blätter ▲ ähnlich dem
Schilf. An einem langen, unverzweigten
Stängel erhebt sich der doldenförmige
Blütenstand, die Blütenblätter sind
rosafarben, dunkler geädert. Blüht von
Juni bis August.

Kleinblütiges Weidenröschen

Epilobium parviflorum, 15-80 cm.
Der Stängel ist mindestens unten stark
behaart, die Blätter linealisch-lanzettlich,
die unteren und mittleren gegenständig,
die oberen wechselständig ▲. Die
Blütenstände bilden spärliche Trauben,
die Blütenblätter sind 5-10 mm lang,
hellrosa. Blüht von Juni bis September.

Zottiges Weidenröschen

Epilobium hirsutum, 90-140 cm.
Gerader Stängel, lang behaart, im
Blütenstand drüsig. Die unteren
Blätter sind kreuzständig, umgreifend,
lanzenförmig länglich. Die Blüten sind
zu spärlichen Trauben geordnet, die
Blütenblätter 1-2 cm lang und purpur-
rot. Blüht von Juli bis September.

Blutweiderich

Lythrum salicaria, 50-160 cm. Gerader,
vierkantiger Stängel mit lanzettlichen,
unten herzförmig ausgeschnittenen
Blättern. Die unteren sitzen gegenständig am Stängel, die oberen umgekehrt wechselständig ▲. Die karmin-
roten Blüten erscheinen von Juni bis
September in dichten, quirlartigen
Trauben.

Wasserknöterich

Persicaria amphibia, 30-100 cm.
Zwei Pflanzentypen: Der Wassertyp hat
kahle, lang gestielte Blätter ▲, die sich
auf dem Wasserspiegel ausbreiten, und
blüht häufig; der Landtyp hat aufrechte
oder kriechende Stängel, behaarte
Blätter und blüht selten. Die walzenförmigen Blütenstände ▲ haben rosa
Blüten. Blüht von Juni bis August.

Ährenblütiges Tausendblatt

Myriophyllum spicatum, 10-300 cm.
Der Stängel ist überwiegend rötlich,
verzweigt, die Blätter sind kammartig
in viele fadenförmige Abschnitte geteilt
und in Viererquirlen angeordnet ▲.
Die kleinen Blüten in geraden Ähren ▲
ragen aus dem Wasser heraus. Blüht
von Juni bis September.

Sumpfblutauge

Comarum palustre, 10-50 cm. Aus
einem holzigen Wurzelstock wächst
ein kriechender oder gerader Stängel
mit unpaarig gefiederten Blättern. Die
Blättchen sind linealisch-lanzettlich, am
Rand gezähnt, oben dunkel, unten
graugrün. Der Blütenkelch ▲ ist innen
purpurrot, außen grün, die Kronblätter
sind dunkelrot. Blüht von Juni bis Juli.

Gottesgnadenkraut

Gratiola officinalis, 15-30 cm. Aus dem
gegliederten Wurzelstock wächst ein
gerader Stängel, die Blätter ▲ sind
kreuzständig, sitzend, lanzettlich, an
den Rändern gesägt. Die weißlichen
bis rötlichen Blüten wachsen einzeln
in den Blattachseln, ihre Krone ist
beinahe 2 cm lang. Blüht von Juni bis
August.

Sumpf-Vergissmeinnicht

Myosotis palustris, 15-40 cm.
Der Stängel ist kantig, die Blätter sind linealisch-lanzettlich, behaart, unten kurz gestielt, oben sitzend. Die Blüten sind von Mai bis Oktober in zwei Windungen angeordnet, anfangs rosa, später himmelblau ▲. Sehr anpassungsfähige Pflanze, bildet Landformen, halb getauchte und Tauchformen.

Bachbunge

Veronica beccabunga, 20-60 cm.
Der Stängel ist unten kriechend, dann aufsteigend. Die fleischigen, glänzenden Blätter sind elliptisch, oben stumpf und gegenständig. Wächst halb oder ganz unter Wasser, bildet aber auch eine Landform. Die sattblauen Blüten wachsen von Mai bis August in schütteren Trauben in den Blattachseln ▲.

Wasserminze

Mentha aquatica, 30-100 cm.
Der kantige Stängel kann einfach oder verzweigt sein, die Blätter sind kreuzständig, eiförmig bis elliptisch, an den Rändern gesägt. Am Stängelende sitzt ein rundes Köpfchen violetter Blüten ▲, darunter sitzen noch 1-2 Blütenquirle in den Blattachseln. Blüht von Juli bis Oktober.

Bittersüßer Nachtschatten

Solanum dulcamara, bis 3 m. Der Stängel ist unten verholzt, kriechend, rankend oder aufrecht. Die Blätter sind länglich eiförmig, einfach bis dreilappig ▲. Die violetten Blüten mit gelben Staubgefäßen ▲ riechen etwas nach Mäusen. Die Beeren ▲ sind rot. Giftig! Blüht von Juni bis August.

Dreifurchige Wasserlinse

Lemna trisulca, etwa 1 cm.
Die Blättchen sind spitz ▲, 4-10 mm
breit und kreuzförmig angeordnet.
Die einzelnen Glieder teilen sich gabelförmig ▲. Wächst größtenteils unter
Wasser, nur in der Blühperiode
schwimmt sie an die Oberfläche. Blüht
nur ausnahmsweise und unauffällig
von Mai bis Juni.

Kleine Wasserlinse, "Entengrütze"

Lemna minor, etwa 1 cm. Die Blättchen sind rund bis eiförmig ▲, 2-3 mm
breit. Verbreitetste Wasserlinse, vermehrt sich schnell und bildet auf der
Wasseroberfläche die bekannten
'Teppiche'. Jedes Blättchen hat nur
eine winzige Wurzel ▲. Blüht nur sehr
selten von Mai bis Juli.

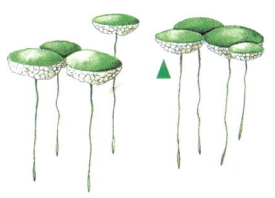

Buckelige Wasserlinse

Lemna gibba, etwa 1 cm.
Ähnelt der Entengrütze, lässt sich
jedoch an ihren Blättchen erkennen,
die auf der Unterseite weiß und
bauchig aufgebläht sind ▲, 2-3 mm
breit. Zum Überwintern sinken alle
Wasserlinsen auf den Teichgrund.
Blüht von April bis Juli.

Teichlinse

Spirodela polyrrhiza, über 1 cm.
Die größte und seltenste Wasserlinse.
Die Blättchen sind in Gruppen zu 2-10
angeordnet, jedes Blättchen hat ein
Wurzelbündel ▲. Unterseits überwiegend rot, 3-4 mm breit. Wasserlinsen vermehren sich meist unge-
schlechtlich durch Schösslinge. Blüht
von Mai bis August.

Kalmus

Acorus calamus, 90-160 cm. Im 16. Jahrhundert aus Südostasien nach Europa gekommen. Dicker Wurzelstock ▲ und lange, schilfartige Blätter. Die gelbgrünen Blüten sind in einem walzenförmigen, anfangs grünen ▲, später braunen Kolben versammelt, der an dem zusammengedrückten, rinnenartigen Stängel wächst. Blüht von Juni bis Juli.

Wasserfalle

Aldrovanda vesiculosa, 10-25 cm. Fleisch fressende Pflanze. Sehr zart, wurzellos, schwimmt unter Wasser. Die Blattspreite ist mit berührungsempfindlichen Härchen besetzt ▲. Nach Reizung durch Insekten klappen die Blatthälften zusammen und Drüsen sondern Verdauungsflüssigkeit ab. Blüht von Juli bis August.

Tannenwedel

Hippuris vulgaris, 10-200 cm. Aus dem kriechenden Wurzelstock wächst ein Stängel mit glattrandigen Blättern in sechs- bis zwölfzähligen Quirlen. Die Stängelspitze ragt aus dem Wasser. Die in den Achseln sitzenden ▲ Blüten mit reduziertem Hüllblatt bestehen nur aus Staubgefäß und Fruchtknoten ▲. Blüht von Mai bis August.

Raues Hornblatt

Ceratophyllum demersum, 10-120 cm. Der untergetauchte Stängel ist verzweigt, die zähen, fadenförmigen Blätter sind gabelförmig geteilt und höchstens vierzipflig. Wächst mit Vorliebe in trüben, schlammigen Gewässern. Die kleinen Blüten sind unauffällig, eingeschlechtig, sie erscheinen von Juni bis September.

Schwimmendes Laichkraut

Potamogeton natans, 50-150 cm.
Die flutenden Stängel tragen ledrige,
elliptische, bis 12 cm lange Schwimmblätter mit langem Stiel, herzförmig
gekerbt ▲. Die unauffälligen Blüten
sitzen von Mai bis August in einer Ähre
▲, nach der Bestäubung zieht sich der
Blütenstand ins Wasser zurück.

Krauses Laichkraut

Potamogeton crispus, 30-200 cm.
Der Stängel ist vierkantig, alle Blätter
stehen unter Wasser. Sie sind
linealisch lanzettlich, rötlich oder
bräunlich mit auffällig gekräuseltem
Rand ▲. Sie sitzen am Stängel auf
oder umfassen ihn halb. Die Blüten-
ähren sind kurz und dick, sparsam
blühend. Blüht von Mai bis August.

Schmalblättriger Rohrkolben

Typha angustifolia, 90-220 cm. Schmale,
grasgrüne Blätter von 5-10 mm Breite.
Die biegsamen Blattspreiten sind in 2-3
Windungen verdreht. Die Blüten stehen
in walzenförmigen Kolben. Die weiblichen Blüten sind rostbraun, die männlichen sitzen 1-15 cm über den weiblichen ▲. Blüht von Juni bis August.

Breitblättriger Rohrkolben

Typha latifolia, 90-250 cm. Die Blätter
sind 10-20 mm breit, blaugrün. Die
weiblichen Kolben sind schwarzbraun,
die männlichen sitzen fast unmittelbar
auf den weiblichen auf ▲. Die Kolben
sind aus dicht zusammengepressten
Blüten ohne Hüllblätter zusammengesetzt. Blüht von Juni bis August.

Gemeines Schilf

Phragmites australis, 1-4 m.
Auf festen, geraden Halmen sitzen
50 cm lange, raue, graugrüne Blätter
mit langen Blattscheiden ▲. An der
Halmspitze sitzt eine bis 40 cm lange,
reich verzweigte Rispe ▲ mit leicht
violetten Ähren, die aus 3-7 Einzelblüten zusammengesetzt sind. Blüht
von Juni bis September.

Wasserschwaden

Glyceria aquatica, 50-200 cm.
Bildet dank seines ausdauernden
Wurzelstocks ausgedehnte Bewuchs-
flächen. An zähen, geraden Halmen
wachsen kahle Scheidenblätter mit
flacher Blattspreite, bis 2 cm breit.
Die Blüten stehen in reichen, aus-
ladenden Rispen ▲, die Ähren haben
3-5 Blüten. Blüht von Juni bis August.

Flatterbinse

Juncus effusus, 30-100 cm. Wächst
in dichten Büscheln. Die Stängel sind
hellgrün, glatt und glänzend, haben
unten gelbbraune Blattscheiden. Sie
sind mit schwammigem, weißem Mark
gefüllt und haben ein einziges, den
Blütenstand überragendes Deckblatt.
Der Blütenstand sitzt seitlich ▲ am
Stängel. Blüht von Juni bis August.

Gemeine Teichsimse

Scirpus lacustris, 80-250 cm.
Aus dem kriechenden Wurzelstock
wachsen schmale, runde Stängel mit
rötlichen Blattscheiden. Die unteren
Blätter haben keine, die oberen eine
kurze, rinnenförmige Blattspreite. In
ihren Achseln wachsen von Juni bis
Oktober an der Stängelspitze die
Blütenstände mit rotbraunen Ähren ▲.

Hirsesegge

Carex panicea, 10-50 cm. Der glatte Stängel trägt nur an der Basis Blätter. Die unteren Blattscheiden sind hellbraun, die Blattspreiten flach, 1- 6 mm breit, graugrün bis blaugrün. Die Ähre an der Spitze ist männlich, darunter sitzen die weiblichen; sie wachsen in den Achseln der Deckblätter ▲. Blüht von April bis Juni.

Rispensegge

Carex paniculata, 20-100 cm. Bildet große, hügelartige Büschel (Bülten) an Teichrändern. Die Stängel sind zäh, dreikantig und rau, die Scheiden hell- bis schwarzbraun, nicht zerfallend. Die Blätter sind rinnenförmig, 3-7 mm breit und nur wenig kürzer als der Stängel. Die Ähren sind bis 10 cm lang ▲. Blüht von Mai bis Juni.

Wiesensegge

Carex nigra, 10-70 cm. Bildet spärliche Büschel an den Rändern stehender Gewässer. Der Stängel ist an der Basis beblättert, scharf dreikantig, oben rau. Die Deckblätter der unteren Ähre ▲ erreichen nicht die Spitze des Blütenstandes. Unter der gestielten männlichen Ähre sitzen 2-4 weibliche Ähren. Blüht von Mai bis August.

Steifsegge

Carex elata, 20-120 cm. Bildet dichte oder etagenförmig angeordnete Büschel (Bülten) an Teichrändern. Der Stängel ist dreikantig, oben rau und trägt nur am Grund Blätter. Die unteren Blattscheiden sind gelbbraun. Die 1-2 oberen Ähren sind männlich, darunter sitzen die stärkeren weiblichen Ähren. Blüht von April bis Mai.

REGISTER

Deutsche Erstausgabe April 2003
Gesetzt nach den Regeln der Rechtschreibreform
© 2003 für die deutschsprachige Ausgabe
C. Bertelsmann Jugendbuch Verlag, München
in der Verlagsgruppe Bertelsmann GmbH
Die tschechische Originalausgabe erschien 2003
unter dem Titel »Přírodou kolem vody«.
© 2003 Brio, Prag
Illustrationen: Eva Beberová, Alena Čepická, Naďa Kotrčová, Petr Liška,
Vlasta Matoušová, Jan Odehnal, Anna Skoumalová, Michaela Štěpánová
Federzeichnungen: Eva Beberová, Sylva Francorá, Andrea Waldhauserová
Originaltext: Karel Šťastný
Übersetzung: Textpraxis, Hamburg, Dr. Ursula Macht
Lektorat: Textpraxis, Hamburg, Marion Schweizer
Projektbetreuung: Atelier Langenfass, Ismaning
st · Herstellung: Peter Papenbrok
ISBN 3-570-21240-8
Printed in the Czech Republic

10 9 8 7 6 5 4 3 2 1